APPEL A LA RAISON

EN FAVEUR

DE L'ORTHOGRAPHE;

OU

EXPOSITION DE PRINCIPES PROPRES A OPÉRER UNE RÉFORME RATIONNELLE DE L'ORTHOGRAPHE FRANÇAISE;

SUIVIE

DU PARALLÈLE DE L'ORTHOGRAPHE DE LA 6e ÉDITION DU DICTIONNAIRE DE L'ACADÉMIE AVEC CELLE DE LA 5e.

> Le néographisme a des inconvénients; mais il peut être approuvé, s'il est raisonné dans ses principes, et circonspect dans ses changements.
>
> *Dict. de l'Acad. franç.*, 6e éd. NÉOGRAPHISME.

PARIS,
CHEZ TREUTTEL ET WURTZ, LIBRAIRES,
RUE DE LILLE, 17.

STRASBOURG, de l'imprimerie de L. F. Le Roux.

APPEL A LA RAISON
EN FAVEUR DE L'ORTHOGRAPHE.

Par une précédente publication de cet opuscule j'ai fait remarquer qu'au lieu de rendre à l'orthographe française l'éminent service de la tirer du chaos dans lequel nous la voyons encore plongée, la 6e édition du Dictionnaire de l'Académie semble s'être plu à la compliquer davantage, pour en reculer d'autant le perfectionnement. Elle ne pouvoit en effet marcher par des voies plus sûres à ce but, qu'en rapportant, comme elle le fait avec une sorte de déférence obligée, les diverses manières d'écrire qu'elle avoit pris à tâche de ramasser, et en changeant elle-même en plusieurs points l'orthographe de la 5e édition, sans se prononcer sur la préférence à donner à telle manière sur telle autre, et sans qu'il résulte de ses propres changements un principe positif qui puisse servir de régulateur. Il y a plus; soit irrésolution, soit incurie, la dernière édition n'est pas exempte de contradictions, et donne par conséquent lieu à des doutes, notamment sur l'orthographe de mots composés, que l'on trouve à l'article de chacun de leurs termes, mais non écrits de même.

Cependant il seroit bien désirable que notre orthographe parvînt à une fixité telle, qu'il fût possible de signaler avec certitude et de condamner avec autorité les atteintes qui y seroient portées; car de quel droit blâmerions-nous aujourd'hui des écarts provenant d'un système quelconque, lorsqu'il est si aisé de s'en excuser, non-seulement sur tant d'autres pour lesquels la critique n'a que de l'indulgence, mais sur l'exemple même de l'Académie? Aussi voit-on depuis lontemps les écrivains former deux classes, bien distinctes, qui accusent également l'état déplorable de l'orthographe : les uns, désespérant de jamais pouvoir s'y conformer à moins de s'assujettir à consulter à tout moment le dictionnaire, laissent courir leur plume au gré du caprice ou de l'inspiration présente; les autres, convaincus du besoin absolu d'une réforme, s'efforcent incessamment de l'atteindre, et rencontrent à chaque pas des pierres d'achoppement. Il n'est donc pas étonnant que, dans la prodigieuse quantité d'imprimés que chaque jour voit éclore, on n'en trouve pas deux d'une parfaite conformité sous le rapport de l'orthographe, devenue arbitraire jusqu'à ce point.

Pour apporter un remède efficace à un pareil état de choses, trop propre à multiplier les disparates déjà si nombreuses, il est indispensable qu'on prenne résolûment le parti de renverser les obstacles, je veux dire de se dépouiller des préventions qui s'opposent à ce que la raison triomphe de la force de l'habitude. Il ne s'agit point ici de ces systèmes insoutenables d'après lesquels le son des mots articulés doit régler exclusivement l'écriture : ceux qui ont imaginé ces systèmes ne se sont pas rendu compte de ces nuances imperceptibles qui se distinguent dans la parole, et qui se représentent par écrit avec des caractères différents ou diversement combinés. Il n'est pas question non plus de choquer trop ouvertement l'usage, en prétendant faire abandonner des manières d'écrire constamment et universellement observées, pour y en substituer d'autres, qui ne laisseroient pas, dans certains cas, d'avoir leur utilité. Mais ce qui importe véritablement, c'est d'amener à des manières reçues pour beaucoup de mots ceux que l'on ne peut se dispenser de regarder comme étant de même catégorie.

Je vais examiner successivement les corrections que nous offre la nouvelle édition du Dictionnaire, et tâcher de remplir, au moins en partie, les lacunes que cette revue fera découvrir. Je me flatte que des propositions qui n'ont pour objet que de faciliter la connaissance de l'orthographe, en la simplifiant par plus de régularité, ne seront en butte qu'à très peu de contradictions, et que, si les suffrages de la majorité des hommes de lettres peuvent bien leur être déniés dans la pratique, ils leur seront immanquablement acquis par un assentiment tacite.

Deux changements notables s'aperçoivent au premier abord dans l'œuvre de l'Académie; ils consistent dans la conservation du *t* au pluriel des mots en *ant* ou *ent*, et dans l'espèce de sanction donnée à ce qu'on est convenu d'appeler l'orthographe de Voltaire.

J'entre en matière, en m'expliquant tout de suite sur ce dernier changement.

Je ne fais pas difficulté d'avouer que, cette réforme spécieuse à peine introduite, quantité de personnes se sont empressées de l'adopter, et que, soit engouement pour son auteur, soit amour de la nouveauté, on étoit parvenu à faire pencher la balance en sa faveur, alors que l'Académie persistoit encore à maintenir l'usage contraire. Son opinion, que partageoient et que défendoient publiquement des écrivains du plus grand mérite, se fondoit sur plusieurs considérations qui n'ont rien perdu depuis de leur valeur; spécialement sur ce que le changement dont il est question rendroit plus difficile la lecture des ouvrages anciens; sur ce que, d'ailleurs, il n'existe pas de raison péremptoire pour répudier, dans cette circonstance plutôt que dans beaucoup d'autres, des manières différentes de figurer le même son; et que, de plus, il y a une différence réelle, quoique peu sensible, entre le son d'*ai* et celui auquel on voudroit substituer cette diphthongue dans les imparfaits des verbes.

L'expérience suivante démontrera la vérité de cette assertion.

Que, sans préoccupation, on prononce les imparfaits des verbes *écosser*, *hollander*, et, immédiatement après, les noms de nation *écossais* et *hollandais;* la moindre attention donnée à l'émission de voix respectivement produite pour les uns et les autres, fera reconnaître que ces derniers noms en exigent une plus élevée que les verbes leurs homonymes.

Si donc l'unique ou du moins le principal motif du changement de l'*o* en *a* a été d'éviter la similitude entre le substantif *paroisse* et le verbe *paraisse* écrit par *oi*, celle encore entre *François* et *français* (deux cas où ce changement n'éprouve plus d'opposition); celle enfin entre le présent du verbe *percevoir* et *perçoit* imparfait du verbe *percer*, la seule qui reste à alléguer, mais dont il n'y a pas lieu de tenir compte, attendu que la différence de temps autant que le sens si éloigné l'un de l'autre de ces deux verbes ne permettra jamais de les confondre; si, dis-je, c'est par ce motif qu'on s'est décidé à écrire les imparfaits par *ai*, on reviendra avec bien plus de fondement à y employer l'*o*, afin d'empêcher qu'on ne confonde, non pas seulement les noms de nation cités plus haut avec les imparfaits *hollandois* et *écossois*, qui ne s'en distinguent que par l'*o* mis à la place de l'*a*, mais encore l'imparfait des verbes *lier*, *nier*, *paner*, *vautrer*, *entrer* et *rentrer* avec les substantifs *liais*, *niais*, *panais*, *vautrait*, *entrait* et le participe *rentrait*.

C'est pourquoi, admettant volontiers ce changement dans les mots où il peut y avoir quelque avantage à l'adopter, je crois à propos de ne point l'accueillir dans les inflexions de verbes, et conséquemment d'écrire *il paroit* pour l'imparfait de *parer*, et *paraissoit* pour celui de *paraître*. Il n'y a pas plus d'objection à cette dernière manière qu'à celle dont on écrit les mots *enfant*, *aurore* et une multitude d'autres, où des voyelles différentes représentent le même son dans les diverses syllabes dont ils se composent.

Mais on objecte que l'orthographe que je combats ici a passé en force de chose jugée, et qu'elle compte trop et de trop puissants partisans pour que j'échappe au reproche de m'écarter par une marche rétrograde de la voie du progrès. A cela je n'hésite pas à répondre qu'il n'est rien moins que certain que la prétendue réforme dont il s'agit ait reçu l'acquiescement de la plupart des hommes de science et de réflexion, et qu'il est permis de croire que, si la proposition s'en fût restreinte aus limites que je lui assigne, elle eût été accueillie plus tôt et plus généralement. A présent je suppose qu'après s'être engagé dans une route embarrassée, qui par sa direction exposeroit à dépasser le but qu'on veut atteindre, on vienne à en découvrir une, tout près, qui y conduit sans détour et sans le moindre obstacle, et je demande si on n'agiroit pas plus sagement en retournant sur ses pas pour prendre cette autre route, qu'en persistant à suivre celle où l'on s'est inconsidérément aventuré. Du reste, je soutiens que l'autorité de l'Académie n'est pas à invoquer, puisqu'elle déclare elle-même que sa fonction se borne à recueillir les opinions des écrivains. Après tout, la résistance qu'elle a opposée si lontemps à cette innovation peut bien balancer la résolution à laquelle elle vient de se laisser entraîner.

2. Quant au second changement que j'ai mentionné, celui qui concerne le pluriel des mots en *ant* ou *ent*, il est tout à fait rationnel. Car, outre qu'il n'existe pas plus de raison pour supprimer le *t* dans *méchants*, *déférents*, etc. que dans *dépeints*, *couverts*, etc., où cette suppression seroit encore moins tolérable que celle du *d* dans *marchands* et *révérends*, à laquelle personne n'a jamais songé; la conservation du *t* dans les mots de la

catégorie dont il s'agit présente l'avantage, qui n'est pas à dédaigner, de faire reconnaître à la vue du pluriel si ces mots prennent ou non le *t* au singulier. Il en est d'ailleurs plusieurs, de significations différentes, qui ne se distinguent entre eux que par la présence ou l'absence de cette consonne.

3. Maintenant il convient de faire observer combien l'orthographe acquerroit de simplicité par une réforme, déjà admise en partie, et qui, en obviant aussi à la confusion de plusieurs mots qui ont des significations différentes, constitueroit une règle générale exempte de toute exception.

L'Académie écrit au pluriel *trous*, *verrous*, *filous*, *clous*, *mous*, *sous*, *fous*, *bambous*, *coucous*, *hibous*, *bijous;* je me trompe, à ces deux derniers elle fait reprendre l'*x* au lieu de l'*s* que leur donnoit la 4e édition, de même qu'elle rétablit *alleux* tandis qu'elle continue d'écrire *bleus*. On sauveroit cette bigarrure en convenant d'employer, pour tous les mots dont le pluriel ne se prononce pas autrement que le singulier, le signe ordinaire du pluriel, qui est l'*s*, et de réserver l'*x* pour ceux dont la prononciation change d'un nombre à l'autre, tels que *cieux* pluriel de *ciel*, *ieux* pluriel d'*œil*, *ceux*, *eux*, etc., et pour ceux encore qui n'ont point de singulier, comme *aïeux*. On écriroit donc par *s*, de même que *bleus* et *trous : jeus*, *vœus*, *hébreus*, *moyeus*, *pieus* (qui se distingueroit ainsi de l'adjectif *pieux*)*; chous*, *genous*, *joujous*, *matous*, etc.; et, par suite, l'*s* remplaceroit l'*x* dans le substantif *portechous*.

La propension à substituer l'*s* à l'*x* pour marquer le pluriel des mots en *eu* et en *ou* se fait déjà remarquer, de la part de quelques-uns des membres de l'Académie qui ont travaillé à la 4e édition, dans plusieurs articles où des pluriels de cette espèce servent aus explications.

4. La règle précédente deviendroit plus générale encore, et ne seroit sujètte également à nulle exception, si on l'étendoit par analogie aus mots terminés en *au* ou *eau* : il n'y auroit que ceux terminés au singulier par *al* ou *ail*, et changeant de désinence au pluriel, qui prendroient l'*x* ; les autres marquant leur pluriel par la simple addition de l'*s*, à l'instar du pluriel *landaus*, on ne confondroit plus *étaux* pluriel d'*étau* avec *étaux* pluriel d'*étal*, *baus* pluriel de *bau* avec *baux* pluriel de *bail*; et le pluriel d'*ail*, qui seroit écrit *aux*, perdant ainsi la lettre *l* qui a disparu de tous les autres mots où la vieille orthographe l'avoit introduite, se distingueroit de l'article pluriel *aus*.

L'œil, sans doute, est étonné au premier aspect de cette simple lettre *s*, par laquelle le mot semble insuffisamment arrêté. Mais, à ce sujet, je prie d'observer que c'est probablement par une considération semblable que, dans les temps reculés, l'*y* a aussi été préféré à l'*i* simple à la fin des mots, et le *z* à l'*s*; car le pluriel d'*auquel*, où *au* ne termine pas le mot, se voit dans tous les vieux livres écrit *ausquels*. Si donc on a pu s'écarter, il y a environ un siècle, de l'ancienne orthographe par rapport à ces lettres finales — dont le changement n'a sûrement pas satisfait tous les ieux avant que l'usage en fût devenu commun — pourquoi hésiterions-nous à faire céder encore ici la routine à la raison, et ne verrions-nous pas en cela aussi du progrès? Au fond, comment justifier autrement que par l'habitude la répugnance pour ces trois lettres *aus* réunies pour former à elles seules un mot, lorsqu'on n'en éprouve aucune à voir et à écrire *eus*, participe du verbe *avoir*, bien que le pronom *eux* soit plus familier à l'œil que ce participe, dont la rencontre est beaucoup moins fréquente?

5. Sous le n° 3 il a été proposé de conserver l'*x* dans les mots qui, comme *aïeux*, n'ont point de singulier (*aïeul* faisant au pluriel *aïeuls*), ainsi que dans le pluriel des mots dont le singulier se termine autrement qu'en *eu*. De là on concluroit peut-être que l'*x* doit aussi être employé au lieu de l'*s*, non-seulement pour les mots terminés en *al* ou *ail*, mais encore pour tous ceux, sans singulier, qui appartiennent à la catégorie dont il s'agit dans l'observation précédente.

Ce n'est point mon avis; pour la raison, d'abord, que le Dictionnaire reconnaît à plusieurs de ces mots un singulier, quoiqu'ils ne soient guère usités qu'au pluriel; secondement, parce qu'il n'y a que de l'avantage à s'en tenir à une distinction bien simple, qui consiste à donner l'*s* aus mots en *eau*, et l'*x* à ceux en *au*, lorsque ces derniers n'ont pas de singulier, ou que leur singulier se termine différemment. Cette distinction est d'autant plus facile à saisir, qu'elle s'identifie en quelque sorte avec celle qu'on a vue établie plus haut. Ainsi on écrira, d'une part : *champeaus*, *ciseaus*, *listeaus*, pluriel de *listel*, *ouvreaus*, etc.; et, de l'autre : *bestiaux*, *communaux*, *sapientiaux*, *universaux*, pluriel d'*universel*, etc.

6. Par d'autres règles générales on sera mis en état de redresser nombre d'irrégularités que le Dictionnaire laisse subsister dans certains temps de verbes, où l'*e* est tantôt muet, tantôt fermé et tantôt ouvert, dans des circonstances absolument analogues. Quelques réformes tentées pour remédier à ces incorrections n'ont servi qu'à les mieux constater, parce qu'elles n'ont été opérées que partiellement et comme au hasard; par là aussi les incertitudes se sont accrues, faute de principes capables de servir de guides dans un si vaste dédale.

Pour l'application de ces règles, il faut au préalable classer séparément, comme devant aussi être considérés à part, les verbes dont la pénultième syllabe de l'infinitif se compose de l'*e* muet, et ceux où l'*e* dans cette syllabe est marqué de l'accent aigu. On trouvera les uns et les autres rangés d'après cette distinction dans le tableau placé à la suite du n° 9.

Pour tous les verbes terminés autrement qu'en *eler* ou *éler* et *eter* ou *éter*, il est généralement reçu de faire prendre l'accent grave à l'*e* dans la pénultième syllabe des personnes du présent qui finissent par un *e* muet. L'Académie excepte toutefois les verbes terminés par *ger*, car dans ceux-ci elle donne l'accent aigu à l'*e* qui précède le *g*, comme dans tous les autres mots où cette consonne est aussi suivie de l'*e* muet. Je parlerai ailleurs de cette accentuation. (V. n° 18.)

On observe assez généralement aussi la même méthode pour le futur des mêmes verbes, et la règle doit, dans ces deux cas, demeurer fixe et constante.

7. Quant au conditionnel présent, on est moins d'accord : les uns veulent que l'*e* soit toujours surmonté de l'accent grave, parce que la syllabe est, comme au présent et au futur, suivie d'un *e* muet; d'autres, ne consultant que l'euphonie, omettent l'accent dans une partie seulement des verbes dont le pénultième *e* est muet à l'infinitif, et font usage de l'accent grave là où ils aiment à prononcer l'*e* ouvert. A l'égard des verbes dont l'infinitif a ce pénultième *e* fermé, on ne tient pas une marche plus régulière, en ce qu'on emploie indistinctement tantôt l'accent aigu, tantôt le grave, au temps dont il s'agit.

Une règle extrêmement simple lèvera toute difficulté sur ce point; elle se borne à faire employer, au conditionnel, l'*e* fermé ou l'*e* muet selon qu'il est accentué ou non à l'infinitif. L'effet de cette règle est tout en faveur de l'euphonie; car, d'un côté, on évite le rapprochement, désagréable à la bouche et à l'oreille, de deux syllabes ayant le son ouvert, rencontre qui n'a lieu qu'au conditionnel, la dernière syllabe du futur se prononçant à peu près comme un *e* fermé; et dans le cas où l'*e* reste non accentué, la prononciation n'en sera jamais que plus douce et plus coulante.

Voici des exemples qui doivent fixer tous les doutes sur l'application de la règle que je viens d'indiquer. Le verbe *peser* servira de modèle pour tous ceux qui ne sont pas accentués à l'infinitif, et le verbe *régner* pour ceux qui portent l'accent.

PRÉSENT.

E ouvert.

pèse.	(je, il)	règne.
pèses.	(tu)	règnes.
pèsent.	(ils)	règnent.

E comme à l'infinitif.

pesons.	(nous)	régnons.
pesez.	(vous)	régnez.

FUTUR.

E ouvert à chaque personne des deux nombres.

pèserai...ront. règnerai...ront.

CONDITIONNEL.

E comme à l'infinitif.

Singulier.

peserois.	(je, tu)	régnerois.
peseroit.	(il)	régneroit.

Pluriel.

peserions.	(nous)	régnerions.
peseriez.	(vous)	régneriez.

(*Voir la remarque qui suit*).

peseroient.	(ils)	régneroient.

Quoique les deux premières personnes du pluriel du conditionnel ne soient pas terminées, comme les autres personnes de ce temps, par une syllabe ayant le son ouvert, et qu'ainsi elles puissent être assimilées aux personnes des autres temps où l'*e* prend l'accent grave; je crois qu'il est plus naturel de ne pas les distinguer, sous le rapport de l'accentuation, du reste des personnes du même temps.

Je ferai remarquer, à cette occasion, qu'on prétendroit à tort que l'*e* muet ne doit pas être employé dans deux syllabes consécutives, puisqu'il est des cas où cette rencontre est inévitable, comme dans les mots *ensevelir*, *décheveler*, *remener*, *breveter*, *relever*, etc., que l'on prononce en donnant le son un peu plus fort au premier des deux *e* muets, sans que l'oreille en soit aucunement choquée.

8. Je passe présentement aux verbes en *eler* et *eter*, prenant ou ne prenant pas l'accent sur la pénultième.

L'Académie traite plusieurs de ces verbes comme ceux dont je viens de parler; c'est-à-dire qu'elle y emploie l'accent aux temps où ceux-ci le prennent; mais en beaucoup d'autres elle double l'*l* ou le *t* à ces mêmes temps.

Puisque l'accent grave ne marque pas, comme le circonflexe, que la voyelle est longue, mais seulement qu'elle se prononce ouverte, rien n'empêche de l'employer, à l'exclusion de la double consonne, dans les temps de tous les verbes sans exception où il doit faire cet office, et d'écrire, par exemple : *appèle*, *détèlerai*, *époussète*, *rejèterai*. Par ce moyen tout embarras disparaît, toute divergence cesse, la double consonne n'étant plus employée dans ces temps que pour les verbes qui la prennent à l'infinitif, comme *sceller*, *quereller*, *guetter*, *regretter*.

9. Cette réforme, toute logique et qui ne manque pas de partisans, doit, à mon avis, se compléter par une autre, que je crains d'autant moins de proposer, qu'elle peut en être regardée comme le corollaire, et qu'à ce titre elle a droit aux mêmes adhésions. Elle consiste à étendre au conditionnel des verbes en *eler* et *eter* le mode applicable au présent et au futur des verbes de l'espèce de ceux qui ont servi d'exemples sous le n° précédent. On écriroit en conséquence *appelerois*, *détele-*

rois, *épousseterois*, *rejeterois*, etc., de même que *promenerois*, *leverois*, *peserois*. Cette orthographe, que l'on pouroit appeler prosodique, se rencontre même dans le Dictionnaire à quelques-uns de ces verbes ; il ne s'agiroit donc plus, pour légitimer cette manière d'écrire, que de généraliser l'usage d'y conformer la prononciation; prononciation qui doit paraître d'autant moins étrange, qu'elle se rapproche davantage de celle qui est usitée pour l'imparfait *appelois*, *rejetois*.

Suit la nomenclature annoncée à la fin du second paragraphe du n° 6.

E muet dans la pénultième de l'infinitif.

CER

Dépecer.

DER

Vreder.

LER

Agneler.
amonceler.
anneler.
appeler.
atteler.
bosseler.
botteler.
bourreler.
bretteler.
canneler.
carreler.
celer.
chanceler.
chapeler.
ciseler.
congeler.
cordeler.
créneler.
cuveler.
décarreler.
déceler.
décheveler.
dégeler.
démanteler.
dépuceler.
désensorceler.
dételer.
écarteler.
emmuseler.
encasteler.
enchanteler.
engrumeler.
enjaveler.
ensorceler.
épeler.
étinceler.
ficeler.
gabeler.
geler.
greneler.
griveler.
grommeler.
grumeler.
harceler.
javeler.
marteler.
modeler.
morceler.
museler.
niveler.
oiseler.
panteler.
peler.
pommeler.
rappeler.
râteler.
réappeler.
réatteler.
renouveler.
ressemeler.
ruisseler.
taveler.
tonneler.

MER

Parsemer.
ressemer.
semer.
sursemer.

NER

Amener.
assener.
démener.
ébrener.
égrener.
embrener.

emmener.
enchifrener.
engrener.
gangrener.
grener.
halener.
malmener.
mener.
promener.
ramener.
remener.
remmener.
surmener.
vener.

PER

Receper.

RER

Sevrer.

SER

Désempeser.
empeser.
peser.
soupeser.

TER

Acheter.
aiguilleter.
banqueter.
becqueter.
billeter.
bonneter.
breveter.
briqueter.
cacheter.
caqueter.
cliqueter.
colleter.
coqueter.
coupleter.
craqueter.
crocheter.
décacheter.
déchiqueter.
décolleter.
déjeter.
dépaqueter.
empaqueter.
épousseter.
étiqueter.
feuilleter.
forjeter.
fureter.
gobeter.
guillemeter.
haleter.
interjeter.
jeter.
louveter.
marqueter.
moucheter.
mugueter.
naqueter.
parqueter.
pocheter.
projeter.
racheter.
rapiéceter.
recacheter.
rejeter.
saveter.
souffleter.
suracheter.
surjeter.
tacheter.
teter. [1]
trompeter.
valeter.
vergeter.
voleter.

VER

Achever.
crever.
dégrever. [2]
élever.
enlever.
grever.
lever.
parachever.
prélever.
relever.
soulever.

[1] V. n° 17.
[2] V. n° 40.

E fermé dans la pénultième de l'infinitif.

Abcéder.
abréger.
accéder.
accélérer.
acérer.
aciérer.
adhérer.
admonéter.
adultérer.
aérer.
affréter.
agglomérer.
agréger.
aliéner.
allécher.
alléger.
alléguer.
altérer.
appéter.
arpéger.
arriérer.
assiéger.
avérer.
blasphémer.
caréner.
céder.
célébrer.
compéter.
compléter.
concéder.
confédérer.
conférer.
conglomérer.
considérer.
coopérer.
crémer.
créner.
déblatérer.
décéder.
décréter.
déféquer.
déférer.
dégénérer.
déléguer.
délibérer.
dépiécer.
déposséder.
dépréder.
dérégler.
désaltérer.
désespérer.
désoxygéner.
dessécher.
diéser.
différer.
digérer.

dilacérer.
disséquer.
ébéner.
ébrécher.
écrémer.
empiéter.
énumérer.
espérer.
exagérer.
exaspérer.
excéder.
exécrer.
exhéréder.
exulcérer.
fréter.
gérer.
guéder.
hébéter.
héler.
hypothéquer.
impétrer.
imprégner.
incamérer.
incarcérer.
incinérer.
inférer.
ingérer.
inquiéter.
insérer.
intégrer.
intercéder.
interpréter.
invétérer.
jachérer.
lacérer.
lécher.
léguer.
léser.
libérer.
macérer.
mécher.
modérer.
morigéner.
obérer.
oblitérer.
obséder.
obtempérer.
opérer.
oxygéner.
pécher.
pénétrer.
perpétrer.
persévérer.
péter.
piéter.
pondérer.
posséder.
précéder.
prédécéder.
préférer.
préléguer.
procéder.
proférer.
prospérer.
protéger.
rapiécer.
rasséréner.
rebéquer.
recéder.
recéler.
récupérer.
référer.
refléter.
refréner.
régénérer.
régler.
régner.
réintégrer.
réitérer.
reléguer.
rémunérer.
rengréger.
rengréner.
répéter.
rétrocéder.
révéler.
réverbérer.
révérer.
sécher.
sécréter.
siéger.
subdéléguer.
succéder.
suggérer.
superséder.
tempérer.
tolérer.
transférer.
ulcérer.
végéter.
vénérer.
vitupérer.
vociférer.

10. L'affinité qui existe entre une partie des verbes ci-dessus et les substantifs qui en expriment l'action ou l'effet doit, par suite, faire supprimer la double consonne dans ces derniers, de même qu'elle l'est dans les verbes d'où ils dérivent, pour y suppléer par l'accent grave ou l'accent aigu, selon que les verbes correspondants ont l'*e* muet ou fermé à l'infinitif. Ainsi il convient d'écrire, comme *dépècement*, *écartèlement*, *enchifrènement* : *amoncèlement*, *chancèlement*, etc.; et *allèchement*, *recélement*, *réglement*, de même que *com-*

plétement, *rengrénement*, etc. La double consonne ne paraissant alors que dans les substantifs dérivant de verbes où elle est aussi employée, comme dans *scellement* et *sceller*, l'harmonie entre les substantifs et les verbes analogues sera complette.

11. Quant aus substantifs d'où dérivent les verbes, la double consonne, qu'on doit y laisser, empêchera de les confondre avec le présent de ces mêmes verbes. On écrira donc :

Bourrelle.	javelle.	Aiguillette.	tette.
étincelle.	tonnelle.	coquette.	trompette.
ficelle.		époussette.	vergette.
gabelle.		étiquette.	

12. Il en est de même des substantifs qui, n'ayant pas de rapport de signification avec les verbes cités, sembleroient par leur forme appartenir à la catégorie des précédents; comme :

Attelle.	Banquette.	caquette.[1]	mouchettes.
cannelle.	billette.	cliquette.	pochette.
chapelle.	bonnette.	feuillette.	
cordelle.	briquette.	frette.	
pommelle.	cachette.	marquette.	

[1] Ce mot est le seul de cette espèce que le Dictionnaire laisse à corriger.

13. Si, conformément au principe posé plus haut, on supprime le double *t* dans les verbes en *eter*, il convient en revanche d'étendre à tous les adjectifs en *et* la règle suivie à l'égard de la plupart d'entre eux, et d'écrire, en doublant le *t* au féminin : *complette*, *concrette*, *discrette*, *incomplette*, *indiscrette*, *inquiette*, *quiette*, *replette*, *secrette*, *surette*. De cette manière

on évite de confondre l'adjectif et le verbe qui ont une signification commune.

14. Dès lors aussi on devra doubler la consonne dans les adverbes formés du féminin des adjectifs en *et*, et écrire *complettement*, *discrettement*, *secrettement* et leurs semblables, tout comme on écrit *douillettement*, *nettement*. La règle sera absolument la même que pour les adverbes formés des adjectifs en *el*, qui doublent tous l'*l*.

L'adverbe *complettement* se trouvera ainsi distingué du substantif *complètement*, cité ci-devant parmi les exemples produits sous le n° 10.

15. Quantité de mots étant à la fois substantifs et adjectifs, et l'adjectif se prenant très souvent substantivement, l'orthographe est nécessairement identique dans les deux cas : il sera donc conséquent d'écrire, comme autrefois, le substantif *secrette* de la même manière que l'adjectif féminin.

16. Puisque les adverbes formés du féminin d'adjectifs prennent le même accent que les adjectifs de ce genre, à plus forte raison doit-on conserver dans les adverbes que forment des adjectifs des deux genres l'accent propre à ces derniers : ainsi c'est à tort que l'adverbe *allègrement* est écrit avec l'accent aigu dans le Dictionnaire.

17. L'Académie a toujours écrit sans accent le verbe *teter*, ainsi que tous ses dérivés, dans lesquels la première syllabe est muette; mais si, comme le dit la 6e

édition, cette syllabe est fermée dans le verbe et pouroit recevoir l'accent aigu, il en résulte que l'inflexion du présent, qu'on voit écrit *tette*, s'écarteroit du mode uniformément suivi pour les verbes dont la pénultième syllabe à l'infinitif a l'*e* fermé, lequel au présent se change en *e* ouvert, la consonne restant simple; tandis qu'en laissant subsister l'*e* muet à l'infinitif, le présent écrit avec la double consonne rentre dans la catégorie de plusieurs autres, où la consonne simple de l'infinitif est doublée en certains temps, suivant le système de l'Académie. Il est par conséquent préférable de s'en tenir à l'orthographe de la 4e édition, où *teter* est écrit, comme ses dérivés, sans accent. Ce verbe suivra alors la condition de ceux ausquels s'appliquent les règles tracées ci-devant sous les n°s 8 et 9.

18. Pour ce qui concerne l'accentuation mentionnée au troisième paragraphe du n° 6, il me semble que l'Académie s'est plutôt conformée à l'ancien usage qu'à celui que l'on suit aujourd'hui de préférence; car on entend et on voit donner le son de l'*e* ouvert à la pénultième syllabe des mots terminés par un *e* muet, quelle que soit la lettre qui sépare ces deux *e*.

A l'appui de cette opinion, je remarque que l'on rencontre même, dans des écrits de plusieurs auteurs modernes, l'accent grave substitué à l'accent aigu sur l'*e* final des verbes quand il est suivi du pronom *je*, de manière à faire prononcer avec le son ouvert : *parlè-je*, *aimè-je*, *dussè-je puissè-je*. Or, pour l'oreille, *ge* équivaut absolument à *je*.

19. Parmi les substantifs qui dérivent des verbes en *ier*, *ayer*, *oyer*, *ouer* et *uer*, tels que *licenciement*, *maniement*, *remerciement; bégaiement*, *étaiement*, *paiement; atermoiement*, *dégravoiement*, *foudroiement; dénouement*, *enrouement*, *secouement; décruement*, *dénuement*, *remuement*, le Dictionnaire donne les uns comme ne s'écrivant pas autrement, d'autres auxquels cette orthographe reste étrangère, d'autres enfin où l'on remplaceroit indifféremment *ie* par *î; aie* et *oie* par *aye* ou *aî*, et *oye* ou *oî; oue* et *ue*, par *oû* et *û*. C'est à la dernière de ces manières que l'Académie accorde le plus communément la préférence.

20. La même divergence se remarque dans les terminaisons analogues qu'amène la conjugaison des verbes correspondants à ces substantifs; car, d'une part on trouve *paye*, *payent*, ou *paie*, *paient; payerai*, *paierai* ou *paîrai*, tandis qu'ailleurs une seule de ces manières est employée.

Sans multiplier ici les citations d'aussi singulières incohérences, je ferai observer que la manière dont sont écrits les substantifs qui ont servi d'exemples sous le n° précédent peut être employée généralement, tant pour les substantifs que pour les verbes de cette catégorie, en conservant dans ceux-ci l'*e* muet à la suite de la voyelle *i* ou *u;* et qu'une double considération doit nous porter à adopter cette manière.

La première se fonde sur une prononciation plus coulante, qui est à préférer au son désagréable que produit l'*y* entre deux voyelles dont la dernière est un *e* muet, surtout quand cet *e* termine le mot.

La seconde considération a pour objet d'opérer une distinction sensible entre ces substantifs et les adverbes qui ont la même terminaison, au moyen de l'emploi exclusif, 1° de l'accent circonflexe dans les adverbes, pour désigner les syllabes longues, et 2° de l'*e* muet dans les substantifs, où la syllabe qui le prend est longue aussi.

Pour mieux faire ressortir cette distinction, je rapporte les adverbes ci-après :

Absolument.	indéfiniment.	Assidûment.	indûment.
ambigument.	infiniment.	congrûment.	mûrement.
dissolument.	ingénument.	continûment.	nûment.
éperdument.	irrésolument.	crûment.	résolûment.
étourdiment.	joliment.	dûment.	sûrement.
gentiment.	poliment.	galment.	
hardiment.	uniment.	goulûment.	
impoliment.	vraiment.	incongrûment.	

De ces dernières observations il résulte encore des règles générales fort aisées à suivre. Elles ne souffrent que deux exceptions dans les substantifs *châtiment* et *éternument*, au milieu desquels l'*e* est supprimé parce que les syllabes que cette voyelle rendroit longues veulent être prononcées brèves.

21. Par analogie, on écrira aussi *grèement* de préférence à *grément*, la première syllabe de ce substantif étant longue; tandis que cette raison n'existe pas pour *ragrément*, *supplément* et quelques autres dérivés de verbes en *éer*.

22. La règle qui vient d'être exposée, concernant les

verbes en *ayer* et *oyer*, et que l'Académie applique invariablement à ceux en *uyer*, peut très bien être étendue au verbe *grasseyer* et à son dérivé *grasseiement*, ainsi qu'aus autres verbes en *eyer* : la bonne prononciation est loin de s'y opposer.

23. Je pense qu'il en est de même des personnes du présent et du conditionnel du verbe *asseoir*, qui, au lieu de s'écrire *ils asseyent*, *que j'asseye*, *j'asseyerois*, seroient écrites *asseient*, *asseie*, *asseierois*.

24. Quant au verbe que l'Académie écrit *planchéier*, il me paraît convenable de l'écrire, par analogie, *plancheyer* de même que *barbeyer*, *brasseyer*, et d'écrire comme de prononcer *plancheierai* plutôt que *planchéierai*. On obtiendra en même temps l'avantage de différencier les verbes de cette espèce des substantifs dont la terminaison est semblable, tels que *caféier*.

25. Quelques littérateurs ont cru trouver de l'inconvénient à écrire ainsi le substantif *paie*, paraissant craindre qu'il ne fût confondu avec le mot *paix*. Outre que le sens des deux mots ne prête guère à cette confusion, la prononciation rapide de l'un le fera toujours distinguer suffisamment de l'autre, sur lequel la voix se prolonge.

26. La 5e édition écrivoit *layetier*, *lunetier* et *raquétier* : la correction des deux derniers mots, que la 6e édition écrit *lunettier* et *raquettier*, devoit entraîner celle du premier, qui s'écriroit tout aussi rationnellement *layettier*. Cette orthographe pareroit en outre,

soit à l'inconvénient signalé au troisième paragraphe du n° 20, soit à celui de produire la confusion de *laietier* avec *laitier*, si on n'a l'attention, quelque peu gênante, de rendre sensible la différence de l'un à l'autre.

27. L'Académie écrivoit, dans la 5e édition, avec une seule *n* les mots *badigeonner*, *artisonné*, *légionnaire*, *ascensionnel*, *marronnier* et quelques autres semblables; aujourd'hui elle en rend l'orthographe plus conforme à la prononciation, qui y fait sentir, bien que faiblement, la présence de la double consonne. Cette manière d'écrire, qui n'a cependant pas été généralisée, est applicable, 1° à tous les verbes en *oner*, à l'exception de *ramoner*, *dissoner* et *strapassoner;* ces deux derniers pour la raison expliquée ci-après sous le n° 32; 2° à tous les adjectifs dérivés de substantifs terminés en *on*, et 3° à tous les mots ausquels le Dictionnaire donne l'une ou l'autre des terminaisons *ionaire*, *ionel* et *onier*, ainsi qu'à ceux qu'il termine en *onet* et *onière*, où l'*n* sera aussi bien redoublée que dans *baronnet*, *cordonnet*, *sansonnet*, et dans *charbonnière*, *melonnière*, *sablonnière.*

Le mot *antiphonier* seroit le seul à excepter parmi ceux de ces différentes catégories, s'il ne devoit pas plutôt s'écrire *antiphonaire.*

28. Comme l'*n* se redouble dans la grande majorité des adjectifs où cette consonne est placée entre la voyelle *o* et la terminaison *eux*, on laissera subsister une bigarrure de moins en faisant disparaître les exceptions

que l'on trouve à ce mode dans le Dictionnaire. N'est-il pas effectivement aussi régulier d'écrire *flegmonneux* et *limonneux*, que *charbonneux*, *sablonneux*, *cotonneux*, *savonneux*, etc.?

29. D'un autre côté, l'Académie redouble cette consonne dans la plupart des mots terminés en *onade*, *onage*, *onaire*, *onal*, *onat* et *oneau*, quoiqu'ils se prononcent sans que dans aucun le besoin de la double *n* se fasse sentir plus que dans *cantonade*, *tabellionage*, *saponaire*, *rational*, *stellionat* et *saumoneau*. En admettant pour règle générale l'emploi d'une seule *n* dans les mots qui ont ces dernières terminaisons, on ne viole pas même les principes de l'Académie, qui veut que nous écrivions *pontonage* et *pontonnier*; *patronage*, *patronal*, et *patronne*, *patronner*; *gasconner* et *gasconisme*.
Il faut néanmoins excepter de cette règle les mots *cannage*, *tannage* et *tonnage*, parce que leur signification propre seroit trop faiblement exprimée par la syllabe unique qui précède la terminaison commune, si la double *n* y étoit supprimée.

30. Le mot *débonaire* devant, d'après ce qui vient d'être observé, ne prendre qu'une *n*, il ne sauroit en être admis deux dans *débonairement* et *débonaireté*.

31. L'euphonie me semble également exclure la double *n* de trois autres classes de mots; savoir, 1° de ceux en *onalité*, comme *constitutionalité*, *personalité*, *proportionalité*, qui symétrisent parfaitement avec *nationalité* et *rationalité* (ce dernier mot se trouve employé à

l'article *entité* dans la 4e édition); 2° de ceux en *onification* et *onifier*, comme *personification* et *personifier*, puisqu'on écrit *bonification* et *bonifier;* 3° de ceux en *onique* et *oniste*, comme *maçonique* et *bâtoniste*, qui ne réclament pas à plus de titre le redoublement de la consonne que *sorbonique* et *sorboniste*.

Je range de plus sous la même loi les mots qu'on forgeroit en *onalisme*, comme *constitutionalisme*.

32. Bien que l'on écrive *consonnance* et *consonnant* par une double *n*, on ne doit employer que la simple dans *assonance* et *assonant*, ainsi que dans *dissoner* et *strapassoner*. La raison en est fondée sur la prosodie, qui fait écrire aussi avec une seule *m* *bonhomie* et *innomé*, quoique *bonhomme* et *nommé* en prennent deux. C'est encore pour cette raison qu'*erroné* ne s'écrit qu'avec une *n*.

Le même principe justifie la manière dont la 5e édition écrivoit le féminin *larronesse*, qui paraît donc corrigé à tort par le redoublement de l'*n*.

Le mot *poissonaille*, auquel l'une et l'autre édition donnent la double *n*, étant de même nature que les précédents, ne demande non plus que cette consonne simple.

33. L'orthographe des mots *annuler* et *annulation* me paraît moins correcte que si on les écrivoit *anuller* et *anullation;* car, en y employant deux *l*, qu'on ne fera pas plus sonner que dans quantité d'autres mots, on se rapproche davantage de *nulle*, *nullement*, *nullité;* tandis que la double *n* n'y est pas plus essentielle qu'elle ne l'est dans *anéantir*, *anoblir*, *anuiter*, ou que ne l'est

le double *p* dans *apaiser*, *apetisser*, *aplanir*, *aplatir*, et dans les substantifs qui dérivent d'une partie de ces verbes. D'ailleurs, au moyen du changement que je propose, les mots dont il est question perdront la trop grande ressemblance que leur orthographe actuelle leur donne avec *anneler*, *annulaire ;* ressemblance telle, qu'en appuyant, même légèrement, sur la double *n*, la première idée qu'on risque de faire naître par cette prononciation est celle d'*anneau*.

34. En combinant le résultat des deux observations précédentes, je suis amené à n'adopter ni l'une ni l'autre manière d'écrire que le Dictionnaire me présente aus mots *atterrer*, *atterrir* et à leurs dérivés : pour éviter dans ces mots la rencontre rapprochée de deux doubles consonnes, et en même temps pour conserver l'orthographe de la racine commune à tous ces mots, je trouve préférable d'écrire *aterrage*, *aterrer*, *aterrir*, *aterrissage* et *aterrissement;* le double *t* n'étant pas plus essentiel ici que dans *atermoiement*, *atermoyer*.

35. On doit avoir remarqué que je n'écris qu'avec une seule *r* le futur et le conditionnel du verbe *pouvoir*. — Je ne vois pas ce qui s'oppose dans ce cas à l'accord de l'écriture avec la prononciation, qui diffère ici très sensiblement de celle que demande la double *r* dans les mêmes temps des verbes *mourir*, *acquérir*, *courir*, etc.

Ne nous refusons donc plus à admettre cette réforme particulière, dont l'avantage a si peu besoin de démonstration, et qui a déjà été proposée par de très anciens grammairiens.

36. La 6ᵉ édition applique la règle posée sous le n° 27 au verbe *détonner*, que la 4ᵉ n'écrivoit qu'avec une seule *n ;* ce verbe, signifiant *sortir du ton qu'on doit garder en chantant*, est mis ainsi en harmonie avec le verbe *entonner*. En même temps, elle fait une exception à cette règle en écrivant *détoner* le verbe qui signifie *faire explosion*, sans doute parce que cette orthographe, en le différenciant de l'autre, le rend plus conforme à son dérivé *détonation*. Mais j'observe que, dans ce dernier sens, le verbe a aussi de l'analogie avec *tonner* et *tonnerre*, et que, dans le premier, ses analogues sont *tonarion* et *tonique*, qui ne prennent qu'une seule *n*. En pareille conjoncture le meilleur moyen de prévenir toute confusion, c'est de ne faire aucune différence dans l'orthographe du mot *détonner*, quelle que soit sa signification : car, d'abord, l'inconvénient n'est pas plus grand dans ce cas que dans beaucoup d'autres où l'on écrit absolument de la même manière des mots qui ont des significations éloignées l'une de l'autre; en second lieu, la règle se trouve dégagée par là d'une exception embarrassante, puisqu'elle peut porter avec autant de raison sur chacun des deux verbes. Du reste, il n'y a pas plus d'inconséquence à écrire, dans le même sens, *détonner* et *détonation*, qu'il n'y en a à écrire *entonner* et *intonation*, *donner* et *donation*.

37. *Analemme* dérivant de la même source que *lemme* et *dilemme*, point de doute qu'il ne doive s'écrire aussi avec deux *m*, de préférence à l'orthographe que lui assigne le Dictionnaire.

38. L'orthographe proposée des mots *aigail* et *aigayer* est conforme à celle que leur donnoit la 4e édition; les éditions suivantes y ont dérogé, sans que l'on en sente l'utilité et encore moins la nécessité.

39. On trouvoit dans la 4e édition, entre autres bizarreries, *dégraffer* et *agrafer*, *affourcher* et *désafourcher :* comme l'édition suivante étoit déjà purgée de ces disparates, il faut croire que ce n'est que par inadvertance que la 6e en présente une nouvelle aus mots *démailloter* et *emmaillotter*, dans le premier desquels le *t* doit se redoubler comme dans le second, ainsi que le font voir les éditions antérieures.

40. J'en dirois volontiers autant du verbe *dégréver*, omis dans les éditions précédentes; car il semble naturel de l'écrire plutôt *dégrever*, tant à cause de la grande analogie qu'il a avec le verbe *grever*, que pour éviter l'effet désagréable de cette succession d'*e* fermés dans les trois seules syllabes qui composent ce mot. D'ailleurs, le substantif *dégrèvement* prenant l'*e* ouvert à la seconde syllabe, la règle posée sous le n° 10 veut que la syllabe correspondante dans l'infinitif du verbe ait l'*e* muet. Voilà pourquoi j'ai compris ce verbe parmi ses analogues dans la table générale de ces sortes de verbes.

41. Il est de règle de distinguer du présent de l'indicatif et de l'impératif les premières et les secondes personnes du pluriel de l'imparfait de l'indicatif et du présent du subjonctif par l'addition de l'*i* dans ces derniers

temps, quand la conjugaison du verbe n'apporte point d'autre différence dans l'orthographe de ces divers temps. Ainsi on écrit, au présent de l'indicatif et à l'impératif, *prions*, *rions*, *craignons*, *criez*, *concluez*, *cueillez*, et au subjonctif, de même qu'à l'imparfait, *priions*, *riions*, *craignions*, *criiez*, *concluiez*, *cueilliez*.

Cette méthode, qui fait loi pour les verbes autres que ceux qui prennent l'*y*, s'applique aussi à ces derniers; mais elle le seroit plus convenablement avec la condition que l'*y*, qui à lui seul fait l'office de deux *i*, seroit tout à fait supprimé pour laisser place à deux *i* simples, lesquels, annonçant moins de liaison que l'*y*, se rapprochent davantage de la prononciation. On écriroit alors *voiions*, *croiions*, *paiions*, *emploiiez*, *ennuiiez*, etc., avec autant de justesse que *criions*, *priiez*, *riiez*. Dans tous ces verbes le premier *i* est à regarder comme constitutif du mot, et le second comme caractéristique du temps.

42. Le tréma se plaçoit autrefois sur l'*i* au commencement des mots où cette voyelle étoit immédiatement suivie d'une autre, pour empêcher qu'on ne la prononçât comme la consonne *j*, attendu que l'ancienne écriture confondoit souvent ces deux lettres. Comme il n'est plus à craindre qu'on ne lise *jambe* pour *iambe*, l'*ï* seroit aussi bien remplacé par un *i* simple dans ce mot et dans *iambique*, que dans *ionien*, *ionique*, *iota*, où la 5e édition avoit déjà supprimé le tréma.

43. Par une raison toute pareille le pluriel d'*œil*, que cette même édition permettoit d'écrire *ieux*, devroit ef-

fectivement être écrit de cette manière; vu qu'ici l'*y* n'est point réclamé par l'étymologie, et qu'en employant à sa place la voyelle *i*, on n'est plus exposé à faire lire *jeux*.

44. La 4e édition écrivoit indistinctement *poëme* et *poëtiser;* la 6e remplace le tréma par l'accent aigu dans ce dernier mot et dans ceux de ses analogues où l'*e* se prononce fermé : dès lors il y auroit plus d'harmonie à employer l'accent grave pour les mots de cette famille dans lesquels l'*e* a le son ouvert.

45. L'accent indiquant la prononciation mieux que le tréma, il conviendroit également de l'employer de préférence dans *ciroène* et *goèmon*, comme dans *cacoèthe*, terme que la 6e édition ne donne point.

46. Cette édition a changé *doradilla* en *doradille*, et *épiphore* en *épiphora*. Il me semble que ce dernier mot, devenu français, n'a pas plus besoin que l'autre de conserver la désinence qu'il a dans la langue d'où il est tiré.

D'autres termes encore seroient susceptibles de recevoir une désinence française en échange de celle qu'ils retiennent de leur origine; mais à cet égard je crois devoir m'abstenir de toute proposition.

47. Dès la première apparition chez nous du mot anglais *budget*, que nous avons fini par adopter, son étrangeté, si opposée au génie de notre langue, l'a fait accueillir avec une sorte d'aversion naturelle, qui n'a pu être vaincue que par l'absence d'un terme propre à rendre

aussi succinctement la chose qu'il exprime. L'usage en ayant aujourd'hui consacré l'admission, au moins pourions-nous, sans le rendre beaucoup plus agréable, lui ôter ce qu'il a de trop dur, en en retranchant le *d*, que l'on cesseroit aussi de prononcer. S'il en étoit besoin, nous nous autoriserions de l'exemple que nous fournit le mot francisé *rosbif*, dans lequel a été supprimé le *t*, dont nos organes ne s'accommoderoient non plus que difficilement.

48. L'Académie a jugé à propos de supprimer le trait d'union au mot composé *long-temps*, pour ne faire de cet adverbe qu'un mot simple, en l'écrivant *longtemps*. Cette réforme admise, il me paraît qu'il seroit logique de retrancher le *g*, et d'écrire *lontemps* comme on écrit *néanmoins*, *plupart*, *plutôt* quand cet adverbe, marquant préférence, ne fait qu'un seul mot, et comme *faubourg*, *faufiler*, *soucoupe*, *souligner* et plusieurs autres, où l'on omet la consonne finale des mots qui forment la première partie de ces mots composés.

49. *Par devant*, pris absolument ou suivi d'un régime appartenant au langage ordinaire, s'écrit sans trait d'union; mais comme terme de pratique ou de procédure, *par-devant* devient un mot composé. On fait la même distinction en écrivant *par devers soi*, et *par-devers le juge*.

50. Un nom de couleur, formé de plusieurs mots dont le premier est un substantif, et se joignant adjectivement au substantif objet de cette couleur, ne prend point le

trait d'union entre les membres qui le composent; c'est ainsi que l'on écrit *robe gorge de pigeon*, *taffetas merde d'oie*, *vin œil de perdrix*, *pigeon soupe de lait*, *cheval poil de souris*.

Mais dans le cas où le premier membre du mot composé désignant une couleur est un adjectif, il y a lieu au trait d'union; on écrit donc : *étoffe gris-de-lin*, *bas gris-de-more*, *habit bleu-turquin*, *couleur vert-clair*, *cheval gris-pommelé*.

(Le Dictionnaire, aus mots *barbeau*, *turquin*, *lin*, *perle*, *more*, *souris*, donne des exemples de noms de couleur employés adjectivement : ces exemples sont tous en opposition avec ceux qu'il produit à l'article du mot *gris*, où la règle qui les concerne est formellement établie.)

Néanmoins, quand cet adjectif s'emploie comme substantif au masculin, le trait d'union s'omet; voilà pourquoi on écrit elliptiquement : *cheval gris de souris*, c'est-à-dire dont le poil est d'un gris de souris; tout comme on écrit, sans contradiction, *cheval gris tisonné*, *chevaux bai clair*, *jument bai brun*. Par ces derniers exemples on voit que l'adjectif masculin, pris substantivement, est rendu invariable.

Les observations précédentes ne s'appliquant pas aus expressions qui désignent un nom de couleur, voici ce qui est à distinguer à l'égard de celles-ci.

Lorsqu'une couleur a reçu sa dénomination du nom d'objets dont l'apparence présente cette couleur, il convient d'employer le trait d'union entre les termes qui servent à la désigner; mais on ne l'emploie point quand le premier des termes composant l'expression est le propre nom d'une couleur, à laquelle le terme ou les termes suivants apportent une modification. Ainsi, de même que l'Académie écrit *le gorge-de-pigeon*, il faudroit écrire : *le merde-d'oie*, *le ventre-de-biche*, etc. Dans le second cas, on écrira : *le vert brun*, *le vert de mer*, *le rouge cramoisi*, *le gris de perle*, *le bleu de roi*, *le bleu céleste*, *un jaune doré*, *un rouge brun*, etc.

Toutefois ces dernières expressions doivent prendre le trait d'union, si elles sont suivies d'un adjectif modificatif. Le Dictionnaire en donne un exemple à l'article *chocolat*, où l'on trouve, comme désignation de couleur : *le brun-rouge foncé*.

Ne confondons pas ce qui vient d'être exposé avec le cas où le terme qui suit le substantif exprimant une couleur est un autre substantif qui modifie le premier par similitude, comme *vert-pomme*, *vert-pré*, *vert-dragon*, *jaune-citron*, etc. Ici le trait d'union étant nécessaire, on ne seroit que conséquent en jugeant qu'il le faut aussi dans *bleu barbeau;* cependant je suis porté à réclamer en faveur de cette exception, par la raison que la liaison que l'on fait de ces deux mots dans le langage n'est pas aussi rapide que celle des mots entre lesquels se place le trait d'union, principalement destiné à marquer cet effet.

51. Le mot composé *sceau-de-Salomon* doit, sans contredit, prendre le trait d'union entre ses membres, aussi bien que *sceau-de-Notre-Dame*.

Cette observation a lieu parce qu'il résulte de la méthode généralement suivie par l'Académie dans la confection du Dictionnaire que, des deux manières d'écrire le même mot présentées à des articles différents, lorsqu'elle ne reconnaît pas à ce mot une orthographe double, la manière qu'elle adopte à l'exclusion de l'autre est celle dont le mot se trouve écrit à l'article auquel le lecteur est renvoyé. C'est ainsi que, entre quantité de cas semblables, on voit le mot *chiendent* écrit *chien-dent* à l'article *dent*, d'où on est renvoyé à chercher ce mot à son rang alphabétique. Or le mot *sceau-de-Salomon* est écrit sans trait d'union à l'article *grenouillet*, auquel renvoie l'article *sceau*, où ce terme de botanique est défini bien plus succinctement qu'à celui de son autre nom.

52. L'Académie dit que dans les verbes où la préposition *entre* est accompagnée du pronom personnel, elle marque une action réciproque, et qu'alors elle se joint par un trait d'union au verbe qui exprime l'action, comme *s'entre-nuire*, *s'entre-secourir*, etc.; tandis que l'on écrit sans division *entrecouper*, *entrevoir*, etc.

C'est donc évidemment à tort que le verbe pronominal *entretailler* figure dans le Dictionnaire avec la division, puisqu'il se dit du cheval même qui *s'entrecoupe*, et non de l'action réciproque des jambes qui se heurtent l'une contre l'autre. Cette déviation d'un principe aussi positivement établi est d'autant plus étrange, que non-seulement elle ne s'explique par aucune analogie, mais qu'immédiatement après le verbe on lit son dérivé *entretaillure* écrit en un seul mot, pour la définition duquel ce verbe se reproduit orthographié comme à son article.

53. En trouvant, dans la 4e édition, le pluriel *arc-*

en-ciels ainsi écrit, il m'est impossible de supposer que l'Académie ignorât que dans un seul *ciel* il paraît parfois plusieurs météores sous la figure d'autant d'*arcs;* je me persuade donc sans peine qu'en adoptant cette orthographe, elle a fait abstraction de l'acception propre du mot *arc*, pour ne le considérer que comme élément d'un mot composé exprimant un objet spécial, mot dont les membres doivent se prononcer de suite sans le moindre intervalle; or, la terminaison plurielle donnée au premier membre *arc* devant la voyelle *e*, qui commence le membre suivant, romproit cette liaison, et pouroit induire à une fausse prononciation : cependant il falloit indiquer que le mot n'est pas invariable, et pour cet effet le signe du pluriel se plaçoit naturellement à la fin du dernier membre, lequel, recevant ici la terminaison plurielle qu'en termes de peinture on donne au mot *ciel*, doit plutôt produire l'idée d'une variété de tableaus, que celle qui s'attache au pluriel du même mot écrit *cieux*. Par ces motifs il me semble qu'il n'y a pas lieu d'approuver la transposition que la 6e édition fait de ce signe du pluriel en écrivant *arcs-en-ciel.*

54. *Très.* La suppression ou la conservation du trait d'union à la suite de cette particule a fait, il y a quelques années, l'objet d'une discussion publique, dont il seroit trop long et assez inutile de rapporter ici les arguments. En dernière analyse, j'ai reconnu que ceux en faveur de la suppression devoient prévaloir.

55. Beaucoup de mots empruntés à des langues étrangères contiennent des *e* qui sans être muets, ne s'ac-

centuent point dans ces langues. Il est reçu de leur donner dans la nôtre l'accent convenable à leur prononciation, ou de les souligner afin qu'on ne les prononce pas comme s'ils étoient d'origine française.

La 6e édition s'écarte, à l'égard de plusieurs de ces mots, de la manière dont ils sont écrits dans les éditions précédentes; mais il est bien impossible de découvrir un principe dans l'application qu'elle fait de l'une ou de l'autre des deux manières usitées. Car, sans distinguer les mots qui s'emploient dans le langage familier de ceux qui sont propres à quelque science ou qui n'appartiennent qu'au dogmatique, elle écrit, avec l'accent grave, *aspergès*, *florès*, et avec l'accent aigu, *andanté*, *rémora*, *mémento*, *décorum*, *fémur*, *orémus*, etc.; tandis qu'elle omet l'accent dans les mots suivants, qui ne le prendroient pas à moindre titre; savoir : *forte*, *libera*, *veto*, *retentum*, *exequatur*, *angelus*, etc.

Pour sortir de cette confusion, rien de plus naturel que de rendre ou de donner l'accent à ces derniers mots et à tous leurs pareils, sans les souligner, quand ils présentent un sens déterminé sans l'adjonction de quelque autre mot de la même langue.

Remarquons que l'Académie observe la distinction qui sert de fondement à cette règle, en écrivant le mot *utérus* avec l'accent, et sans accent le même terme dans l'expression *speculum uteri*. Par analogie, le mot *choléra*, auquel elle donne l'accent, ne doit donc pas le prendre lorsqu'il cesse d'être simple pour devenir membre du mot composé *cholera-morbus*. Il en est absolument de même des mots *forté* et *salvé*, qui, restant simples, demandent l'accent aussi bien qu'*andanté* et *avé*, mais qui le perdent dans *piano-forte* et dans *Salve Regina.*

Quant à certains mots étrangers dont on se sert dans des phrases familières, pour faire allusion aus usages du pays auquel ils sont empruntés comme *dillettante*, il est préférable de les souligner; de même que ceux dont la naturalisation est encore équivoque, et que l'on hasarde quelquefois faute de trouver des expressions équivalentes dans notre langue.

56. A l'égard des locutions empruntées d'une langue étrangère qui se composent de plus d'un seul mot, il convient de distinguer celles dont les termes se joignent par le trait d'union, et celles où ce trait n'est pas employé. Comme dans les premières les deux mots dont pour l'ordinaire elles se composent sont censés n'en faire qu'un, et que la vue se porte à la fois sur la totalité de l'expression, il n'est pas plus besoin de les souligner que d'accentuer les *e* qui peuvent s'y trouver, attendu que l'une ou l'autre partie de ces mots composés fera tout d'abord reconnaître leur origine.

Mais il n'en est pas de même des expressions dont les termes ne sont pas joints par le trait d'union; alors il devient nécessaire de les souligner, quand l'un ou l'autre de leurs termes, et surtout le premier, pouroit être confondu avec un mot français qui demanderoit une prononciation différente.

En conséquence de ces principes nous écrirons, sans souligner : *forte-piano*, *mezzo-termine*, *auto-da-fe*, *san-benito*, *vade-mecum*, *semen-contra*, etc.; et, en soulignant : *a latere, ad negotia, noli me tangere, vice versa, assa fetida;*[1] ainsi que *Venite exultemus, Te Deum, De profundis*, etc. Dans tous ces mots l'*e* fermé reste non accentué.

Par une exception, manifestement consacrée par l'usage, on accentue l'*e* dans *Avé Maria*, que par conséquent on est dispensé de souligner.

On conçoit que, s'il est à propos de souligner les mots empruntés de l'étranger qui pouroient donner lieu à des méprises sur leur prononciation, il ne s'ensuit pas que ceux qui ne sont pas à ranger dans ce nombre ne doivent jamais être soulignés : ils rentrent, sous ce rapport, dans l'ordre commun aus mots français, que l'on souligne quand on veut pour une raison quelconque les mettre en saillie; mais, hors ce cas, je pense que l'on écrira bien, sans diversifier les caractères, les locutions telles que celles-ci : *caution judicatum solvi, excommunié ipso facto*, ainsi qu'on le voit dans les éditions précédentes, puisque l'Académie écrit encore aujourd'hui : *testament ab irato, parler ex abrupto, ex professo*, etc., sans souligner ici les expressions latines. Voilà ce qui explique la manière différente dont j'écris *le statu quo*, et *laisser in statu quo*, en soulignant les mots qui ne sont pas français dans cette dernière locution seulement, à cause de la particule *in*, qui, comme dans *in*

---

[1] Le mot *fetida*, qui ne s'emploie que dans cette expression, devant être souligné, il n'y a nul inconvénient à lui laisser l'*e* qui lui est propre même en latin, et auquel l'*œ* ne paraît substitué que pour mieux assurer sa prononciation au défaut de l'*e* accentué.

manus, *in petto*, etc., conserve la prononciation latine ou italienne.

57. Parmi les additions faites au Dictionnaire par la 6ᵉ édition, on voit les mots *optimè* et *benè*, ausquels l'Académie conserve l'accent qui distingue les adverbes latins. Comme dans notre langue cet accent oblige à une prononciation différente, je pense qu'il y a de l'inconvénient à l'employer, et que, de même qu'on écrit *novissimé*, on peut et on doit écrire *optimé*. Quant au mot *benè*, qui se joint au terme *nota*, je trouve l'inconvénient plus grand encore, puisque l'absence de l'accent sur le premier *e* portant à le prononcer comme un *e* muet, et l'accent grave provoquant le son ouvert de l'*e* final, comme dans *benêt*, *nota benè*, ainsi écrit, prête à un sens injurieux. Je suis donc d'avis qu'il convient d'écrire *nota bene*, en soulignant les deux mots, comme ceux de même nature dont il vient d'être parlé.

58. Le retranchement de l'accent, même des mots purement latins dont on fait usage en français, peut se justifier par toutes les bonnes éditions latines, anciennes, où l'accent grave sur les adverbes ne se rencontre pas plus que l'accent circonflexe sur les ablatifs. Soit donc que ces mots doivent être soulignés ou non, il est tout à fait inutile d'y employer l'accent. Par conséquent nous écrirons : *a priori*, *e regione*, *mea culpa*, *sine qua non*, *usque quo*, *non-plus-ultra*, etc.

59. La lettre composée *æ*, qui entre dans la structure d'un assez grand nombre de mots passés de langues

mortes dans la nôtre, y a été remplacée par l'*e* aigu, à peu d'exceptions près qu'il n'y auroit aucun inconvénient à faire disparaître. Le Dictionnaire en présente deux aus mots *althœa* et *cobœa*. Le premier s'écriroit aussi bien *althéa*, comme on le voit dans les livres mêmes qui en donnent l'étymologie, et l'autre, qui ne devient féminin qu'étant écrit *cobée*, conserveroit le genre masculin en s'écrivant *cobéa*. On n'emploieroit plus alors ce caractère étranger que dans le mot, tout latin, qui fait partie de l'expression *et cœtera*.

60. Plusieurs noms propres qui se rencontrent dans le cours du Dictionnaire m'ont paru écrits d'une manière incorrecte; quelques autres, par inadvertance, se trouvent répétés avec des différences d'orthographe. Les uns et les autres sont désignés dans la Table qui suit par le numéro de ce paragraphe.

La disposition de cette Table est telle que, de quelque manière qu'on suppose écrit le mot qu'on y cherche, on le trouvera toujours rangé selon l'ordre de l'alphabet dans l'une ou l'autre des deux premières colonnes.

Les corrections qui y sont proposées sous le signe du guillemet, sans numéro de renvoi aus observations, sont fondées soit sur l'étymologie, soit sur l'analogie : le lecteur en appréciera la justesse.

Entre les différentes manières d'orthographier le même mot, je n'ai exclu que celles qui sont en opposition avec quelqu'une des règles que j'ai exposées. Quant aus autres, dont le choix semble être abandonné au goût de chaque écrivain, je me suis contenté de les rapporter, en mettant, autant que possible, en première ligne celles que j'ai pu croire préférées par l'Académie; car trop souvent on est réduit à deviner son intention.

Je termine par un vœu que je ne doute point qui ne soit général; c'est que, dans une nouvelle édition de son Dictionnaire, elle supprime toute manière double d'écrire le même mot, et qu'elle s'applique avec quelque intérêt à produire une plus grande harmonie dans l'ensemble de ses décisions. Toute ambiguïté disparaissant alors, l'orthographe obtiendra ce caractère d'unité que son nom même réclame; et, à part les changements auxquels celle de toute langue vivante est sujette, et qui dès leur introduction devront se justifier par leur utilité, il n'existera plus de prétexte aux contraventions à l'usage *actuellement reçu*, qu'il appartient incontestablement à l'Académie de constater.

L. R.

Soit qu'on adopte, en partie seulement ou en totalité, les changements qui sont ici proposés; soit qu'on veuille s'écarter, par tout autre système, de l'orthographe de l'Académie, et cependant demeurer toujours conséquent à soi-même, on se servira avec avantage du livre que l'auteur a publié sous le titre de *Revue de l'orthographe française, ou Exposé méthodique de l'orthographe de l'Académie*. Cet ouvrage contient, à la suite d'un Vocabulaire, comprenant tous les mots, simples ou composés, que renferme la 4e édition officielle du Dictionnaire de l'Académie, 26 classes, dans chacune desquelles sont rapprochés ceux de ces mots qui, sous autant de rapports différents, peuvent faire naître des doutes sur leur orthographe. La disposition de ces classes est telle, que chaque correction qu'on jugera à propos de faire peut s'opérer sur le livre même, et se placer en regard du mot corrigé, sans sortir de l'ordre alphabétique. Pour cet effet le livre a été imprimé sur papier collé. On le trouve à la même librairie. Prix 4 fr. 50 c.

La Table suivante est destinée à abréger la recherche des changements que la 6ᵉ édition du Dictionnaire de l'Académie a fait subir à l'orthographe de l'édition précédente. On n'y rapporte pas les manières d'écrire que cette 5ᵉ édition avoit déjà rectifiées, non plus que les mots qui se rencontrent mal orthographiés dans le cours de l'une ou de l'autre édition, lorsque ces mots sont écrits correctement à leurs articles; mais quand des mots composés ne se présentent pas écrits de la même manière à l'article de chacun des mots qui les composent, la Table donne en regard ces orthographes diverses, sous l'un des signes ci-après.

Il a paru superflu de comprendre dans cette Table les inflexions de verbes, de substantifs ou d'adjectifs qni font l'objet des observations contenues sous les nᵒˢ 1, 2, 3, 4, 6, 7, 8, 9, 13, 17, 18, 20, 22, 24 et 41, où sont établis des principes généraux d'une application facile.

Les signes suivants placés devant les mots que contient la première colonne indiquent, savoir :

L'astérisque (*), l'orthographe que la 6ᵉ édition donne comme fixe.

Le deux-points (:), celle qui n'en exclut pas une autre.

La croix (†), celle que l'Académie laisse douteuse.

Le paragraphe (§), celle qui est proposée en remplacement de l'orthographe du Dictionnaire.

Le guillemet ("), l'orthographe rectifiée de mots contenus dans la 5ᵉ édition, et non reproduits dans la 6ᵉ.

Chacun de ces signes est à regarder comme commun aus mots venant à la suite de celui qui en est accompagné, tant qu'il ne s'en rencontre pas un différent.

Les numéros placés à la suite des mots de la première colonne renvoient aux observations relatives à l'orthographe de ces mots.

L'orthographe à mettre en parallèle avec celle que fait voir la première colonne est présentée, avec des caractères différents, dans l'une des deux autres colonnes, dont la dernière n'est établie que pour conserver l'ordre alphabétique dans les deux premières.

Les mots à double orthographe écrits en italique dans la première colonne, et en romain dans la seconde, sont ceux dont l'orthographe qui paraît préférée par l'Académie ne semble pas devoir être adoptée plutôt que l'autre.

Les mots écrits de part et d'autre en romain sont orthographiés indifféremmment des deux manières par l'Académie.

TABLE SYNOPTIQUE
DES
CHANGEMENTS D'ORTHOGRAPHE.

AI

§ A... 58.		*à latere.*
	à...	ad patres.
* abat-jour (des).	*abat-jours.*	
: abecquer.		abéquer.
* Aben-Ezra.	*Abenezra.*	
: abéquer.		abecquer.
* abêtir.	*abétir.*	
: aboiement. 19-20.	*aboîment.*	
* abside.		*apside.*
: accessit (des).	*accessits.*	
* Achéloüs.	*Acheloüs.*	
	achronique.	acronyque.
: acomas.	acomat.	
acronyque.		*achronique.*
§ *ad honores* (titre). 56.		*titre ad...*
: admonéter.	*admonester.*	
§ *ad patres* (aller). 56.		*aller ad...*
: adragant.	adragante.	
	advenir.	avenir.
* aérostatique.		*aréostatique.*
	Æson.	Éson.
* affaiblir. Etc. 1.	*affoiblir. Etc.*	
: agace.	*agasse.*	
† agate onyx.	*agate-onyx.*	
* agglomération.	*aglomération.*	
agglomérer.	*aglomérer.*	
aggravant.		*agravant.*
aggraver.		*agraver.*
agonistique.	*agonostique.*	
	agravant. Etc.	aggravant. Etc.
: ahi.		aïe.
* aide-maçon.	*aide à maçon.*	

* aides-majors.	*aide-majors.*	
aides-majors généraux.	*aides-major...*	
: aïe.		ahi.
§ aigail. Etc. 38.		*aiguail. Etc.*
* aigre de cèdre. Etc.	*aigre-de-cèdre. Etc.*	
aigres-douces.	*aigre-douces.*	
	aiguail. Etc.	aigail. Etc.
* aiguilleter.	*aiguilletter.*	
: ajutoir.	*ajoutoir.*	
	alaitement. Etc.	allaitement. Etc.
* Albéroni.	*Alberoni.*	
alcool.	*alcohol.*	
alcooliser.	*alcoholiser.*	
	alcoran.	coran.
* aldébaran.	*aldébaram.*	
	alègre.	allègre.
	alégrement.	allègrement.
	alégretto. Etc.	allégretto. Etc.
: alentour.	*à l'entour.*	
* alezan brûlé. Etc. 50.	*alezan-brûlé. Etc.*	
Ali.		*Aly.*
alkékenge.	*alkekengi.*	
allaitement.		*alaitement.*
allaiter.		*alaiter.*
§ alléchement. 10.	*allèchement.*	
allège. 18.	*allége.*	
* allègre.		*alègre.*
§ allègrement. 16.	*allégrement.*	
* allégretto. Etc.		*alégretto. Etc.*
§ alléluia. 55.	*alleluia.*	
* alouette.	*alouète.*	
§ althéa. 59.	*Althœa.*	
	Aly.	Ali.
* amaigrir.		*emmaigrir.*
amariner.		*emmariner.*
	aménagements.	emménagements.
* amidonnier. 27.	*amidonier.*	
§ amoncèlement. 10.	*amoncellement.*	
analemme. 37.	*analème.*	
* analyse. Etc.	*analise. Etc.*	
Ancône.	*Ancone.*	

" androsace.	*androsacé.*	
* aneth.	*anet.*	
: anévrisme.	*anévrysme.*	
§ angélus. 55.	*angelus.*	
* anglaise. 1.	*angloise.*	
" ankyloglosse.	*ankiloglosse.*	
* ankylose.	*ankilose.*	
	annulation. Etc.	anullation. Etc.
* anonyme.	*anonime.*	
	anse [ligue]. Etc.	hanse. Etc.
: antiphonaire. 27.	antiphonier.	
§ anullation. Etc. 33.		*annulation. Etc.*
* apocyn.	*apocin.*	
apparaître. 1.		*apparoître.*
: appariement. 19-20.	appariment.	
	apparoître.	apparaître.
* appendice.	*appendix.*	
Apport-Paris (l').	*Apport de Paris.*	
	apside.	abside.
: aqueduc.	*aquéduc.*	
ara.		*haras.*
" arachnéolithe.	*arachnéosites.*	
: arack.		rack.
* Aragon.		*Arragon.*
: arborisé.		*herborisé.*
§ arc-en-ciels. 53.		*arcs-en-ciel.*
* archifou. Etc.	*archi-fou. Etc.*	
	arcs-en-ciel.	arc-en-ciels.
: arcturus.	*arcture.*	
arder.	ardre.	
	aréostatique.	aérostatique.
	arganeau.	organeau.
* argémone.	*argemone.*	
argyraspides.	*argiraspides.*	
§ arpège. 18.	*arpège.*	
	Arragon.	Aragon.
* arrimer.	*arrumer.*	
arrimeur.	*arrumeur.*	
: arriser.		*riser.*
* artisonné. 27.	*artisoné.*	
asaret.	*asarum.*	

* ascensionnel. 27.	*ascensionel.*	
: asclépias [plante].	asclépiade.	
asile.		*asyle.*
	asimptote.	asymptote.
§ asseie. Etc. 23.	*asseye. Etc.*	
: assujettir. Etc.	*assujétir. Etc.*	
	asyle.	asile.
* asymptote.		*asimptote.*
Atella [ville].	*Atelles.*	
§ aterrage. Etc. 34.		*atterrage. Etc.*
	atous.	atouts.
: atout (jouer).	*à tout.*	
* atouts (les).		*atous.*
	attérage. Etc.	aterrage. Etc.
* attrape-mouche.	*attrape mouche.*	
: aubépine.	*aubépin.*	
	aubier [viorne].	obier.
* Augsbourg.		*Ausbourg.*
	aulnaie. Etc.	aunaie. Etc.
	aulx.	aux.
: aumusse.	*aumuce.*	
aunaie. Etc.		*aulnaie. Etc.*
	Ausbourg.	Augsbourg.
* aussi bien.	*aussi-bien.*	
: aussière.		haussière.
* aussitôt (pas).	*aussi-tôt.*	
autochthone.		*autocthone.*
autocrate.	*autocrator.*	
	autocthone.	autochthone.
* autre part.	*autre-part.*	
§ aux. 4.		*aulx.*
: avalanche.	*avalange.*	
* à vau-l'eau.	*à-vau...*	
	aveine.	avoine.
: avenir [verbe].		*advenir.*
aveuer.		*avuer.*
* avitaillement.	*avituaillement.*	
avitailler.	*avituailler.*	
: avoine.		*aveine.*
	avuer.	aveuer.
	azime.	azyme.

* Azof.	*Azoph.*	
azyme.		*azime.*
b...		*be-fa-si.*
babeurre.	*babeure.*	
	bacha.	pacha.
	bacinet.	bassinet.
§ badigeonage. 29.		*badigeonnage.*
* badigeonner. 27.	*badigeoner.*	
	badigeonnage.	badigeonage.
: bagasse [plante].	*bagace.*	
batart.		bayart.
* bai brun. 50.	*bai-brun.*	
bai obscur.	*bai-obscur.*	
	Baïonne.	Bayonne.
: bairam.		beiram.
* baisotter.	*baisoter.*	
: balandran.	balandras.	
	bâli.	pâli.
* balsamite [tanaisie].	*balsamique.*	
: banquise.	*bancquise.*	
* banvin.	*ban-vin.*	
baptême. Etc.		*batême. Etc.*
baraterie.	*baratterie.*	
§ barège. 18.	*barége.*	
baronage. 29.	*baronnage.*	
* Barthélemy.	*Barthélemi.*	
bas à étrier.	*bas à étriers.*	
bas bord (vaisseau de).	*bas-bord.*	
bas Breton.	*bas-Breton.*	
bas breton (parler).	*bas-breton.*	
bas-empire (le).	*bas empire.*	
: basilicon.	basilicum.	
* bas-relief.	*bas relief.*	
basse Bretagne.	*basse-Bretagne.*	
basse lisse.	*basse-lisse.*	
basses œuvres.	*basses-œuvres.*	
basses voiles.	*basses-voiles.*	
: bassinet [plante].		*bacinet.*
§ bastonade. 29.	*bastonnade.*	
	batême. Etc.	baptême. Etc.
§ bâtoniste. 31.	*bâtonniste.*	

: baugue.	*bauque.*	
	bayart.	*baiart.*
* Bayonne.		*Baionne.*
	be...	b-fa-si.
* beau fils (faire le).	*beau-fils.*	
	bécard.	beccard.
* bécabunga.	*beccabunga.*	
beccard.		*bécard.*
bec-de-grue [géranium].	*bec de grue.*	
† bec-de-lièvre (être).	*bec de liévre.*	
	bec-jaune.	béjaune.
: becquée.		*béquée.*
becqueter.		*béqueter.*
* bédegar.	*bédégar.*	
: *bégaiement.* 19-20.	bégayement.	
* béhen.	*behen.*	
: beiram.		bairam.
béjaune.		*bec jaune.*
* bélandre.	*belandre.*	
: bélier.	*belier.*	
belladone.	*bella-dona.*	
* belles-dames.	*belle-dames.*	
: belvédère.	*belvéder.*	
§ bene. 57.	*benè.*	
* benoîte.	*benoite.*	
	béquée. Etc.	becquée. Etc.
: béret.	*berret.*	
berloque (battre la).		*breloque.*
* Berry.	*Berri.*	
bétel.	*betel.*	
bézoard.	*bezoar.*	
bibliothèque. 18.	*bibliothéque.*	
bien faire (le).	*bien-faire.*	
: bienvenu.	bien venu.	
* bien vivre (le).	*bien-vivre.*	
: bienvoulu.	bien voulu.	
bière [boisson].	*bierre.*	
§ billonage. 29.	*billonnage.*	
* bismuth.	*bismut.*	
: bivac.	*bivouac.*	
bivaquer.	*bivouaquer.*	

		Bizance.	Byzance.
*	blague.		*blaque.*
	blanc de baleine.	*blanc-de-baleine.*	
	blanc estoc (à).	*blanc-estoc.*	
	blanchiment.	*blanchîment.*	
	blanc seing.	*blanc-seing.*	
	blanc signé.	*blanc-signé.*	
		blaque.	blague.
*	blé-froment.	*blé froment.*	
	blé-mouture.	*blé mouture.*	
:	blette [plante].	blète.	
§	bleu-barbeau (habit). 50.	*bleu barbeau.*	
	bleu-turquin (drap).	*bleu turquin.*	
:	blutoir.	*bluteau.*	
*	Boccace.	*Bocace.*	
	Bohême (la).	*Bohème.*	
		boiard.	boyard.
*	bol [coupe].		*bowl.*
	bonhomme (faire le).	*bon homme.*	
:	bonjour (donner le).	*bon jour.*	
*	bonnes grâces d'un lit.	*bonnes-grâces...*	
†	bonnet à prêtre [fortific.].	*bonnet-à-prêtre.*	
*	bonne-voglie.	*bonne voglie.*	
:	bonsoir (souhaiter le).	*bon soir.*	
*	borborygme.	*borborisme.*	
:	bordailler.	*bordayer.*	
		botargue.	boutargue.
		bouis.	buis.
:	boulevard.	*boulevart.*	
*	boule vue.	*boulevue.*	
"	boulonais. 1.	*boulonois.*	
:	bourdaine.	*bourgène.*	
		bourlet.	bourrelet.
*	bourre lanice.	*bourre-lanice.*	
:	bourrelet.		*bourlet.*
*	bourre tontisse.	*bourre-tontisse.*	
	bourse-à-pasteur.	*bourse à pasteur.*	
	bouse.		*bouze.*
:	boutant (arc-).		*butant.*
	boutargue.		*botargue.*
	bout-dehors.	boute-hors.	

:	boutillier.	*bouteiller.*	
*	bout saigneux.	*bout-saigneux.*	
	bouts d'aile.	*bouts-d'aile.*	
		bouze.	bouse.
		bowl.	bol.
*	boyard.		*boiard.*
		brac.	braque.
		bracmane.	brahmane.
§	braconage. 29.	*braconnage.*	
*	brahmane.		*bracmane.*
:	branche-ursine.	*brancursine.*	
*	braque.		*brac.*
	bras-le-corps (à).		*fois de corps.*
:	bréant.		bruant.
		breloque (battre la).	berloque.
:	brick.	*brig.*	
*	Brignolles.	*Brignoles.*	
:	brimbale [T. de marine].		bringuebale.
*	brin à brin.	*brin-à-brin.*	
:	bringuebale.		brimbale.
		brioine.	bryone.
		briscambille.	brusquembille.
*	brise-vent (des).	*brise-vents.*	
:	broiement. 19-20.	*broîment.*	
	bromos.	bromot.	
"	bronchocèle.	*broncocèle.*	
*	bronchotomie.	*broncotomie.*	
:	bruant.		bréant.
*	brûle-pourpoint (à).	*brûle pourpoint.*	
	brune claire.	*brune-claire.*	
	brun-rouge (couleur). 50.	*brun rouge.*	
	brun rouge (le).	*brun-rouge.*	
	brusquembille.		*briscambille.*
	bryone.		*brioine.*
§	buget. 47.	*budget.*	
*	buis.		*bouis.*
	buplèvre [perce-feuille].	*buplevrum.*	
"	burelles.	*burèles.*	
*	busard.	*busart.*	
		butant (arc-).	boutant.
*	butière.		*buttière.*

: buttée.	*butée.*	
butter [broncher].	*buter.*	
butter un arbre.	*buter...*	
* butyreux.	*butireux.*	
	buttière.	butière.
	Bysance.	Byzance.
: byssus.	*bysse.*	
* Byzance.		*Bysance.*
çà (viens).		*viens-çà.*
: câbleau.	câblot.	
§ cacaoïer. 24.	*cacaoyer.*	
cacaoïère.	*cacaoyère.*	
: cacaotier.		cacaoïer.
cacatois.		*catacois.*
	cacis.	cassis.
	cadogan.	catogan.
* cadrat [T. d'imprim.]		*quadrat.*
cadratin.		*quadratin.*
: cadrature [T. d'horlog.]		quadrature.
caféier. 24.	cafier.	
* cahute.	*cahutte.*	
	Caïenne.	Cayenne.
: caille-lait.		gaillet.
* calcédonieux.	*calcédoineux.*	
Callippique (période).	*Calippique.*	
Callot (dessins de).	*Calot.*	
Cambray.	*Cambrai.*	
: came.		chame.
campanile [masc.].	*campanille.*	
* camphrée.	*camphorata.*	
camp volant.	*camp-volant.*	
: cancan (en faire un).		quanquan.
cancel.		*chancel.*
§ canonade. 29.	*canonnade.*	
canonage.	*canonnage.*	
* Cantorbéry.	*Cantorberi.*	
	caolin.	kaolin.
* cap de more.	*cap-de-more.*	
: capelan [poisson].	*caplan.*	
caperon.		capron.
* capote [cape].	*capot.*	

: capron.		caperon.
† caput mortuum.	*caput-mortuum.*	
§ caquette. 12.	*caquète.*	
* Caraque (cacao de).		*Carraque.*
caratch.	*carach.*	
	carache.	caratch.
	Carache (le).	Carrache.
	carag.	caratch.
: caravansérai.		*caravansérail.*
	caravansera. Etc.	caravansérai.
§ carbonade. 29.	*carbonnade.*	
* cardinal-infant.	*cardinal infant.*	
: cardonnette.		chardonnette.
caroube.	carouge.	
* Carrache (le).		*Carache.*
	Carraque.	Caraque.
§ cartonage. 29.	*cartonnage.*	
	Carybde.	Charybde.
* caryophyllée.	*caryophyllata.*	
caséeux.	*caseux.*	
: cassis.		*cacis.*
	catacois.	cacatois.
: catadoupe.	*catadupe.*	
* catogan.		*cadogan.*
: cauris.		*coris.*
* Cayenne.		*Caïenne.*
cèdre. 18.	*cédre.*	
céliaque.		*cœliaque.*
cenelle.	*cénelle.*	
Cenis (mont).	*Cénis.*	
: centaine de l'écheveau.		*sentène...*
cépée.		spée.
" cératophylle.		*kératophyllon.*
cérinthée.	*cerinthée.*	
	chabraque.	schabraque.
	Chacemontel (besi de).	Chaumontel.
: chaise curule.	chaire...	
	chako.	shako.
* châle.		*schall. Etc.*
chaleureux.		*chaloureux.*
chalybé.	*chalibé.*	

	chaloureux.	chaleureux.
	Chambéri.	Chambéry.
* Chambertin.	*Champ-Bertin.*	
Chambéry.		*Chambéri.*
: chame.		came.
§ champeaus. 5.	*champeaux.*	
* Champs-Élysées [place de Paris].	*Champs Élysées.*	
	chancel.	cancel.
§ chancèlement. 10.	*chancellement.*	
chaponeau. 29.	*chaponneau.*	
* charbon de terre.	*charbon-de-terre.*	
chardon bénit.	*chardon-bénit.*	
chardon étoilé.	*chardon-étoilé.*	
: chardonnette.		cardonnette.
* Charles-Quint.	*Charles Quint.*	
charnu.	*charneux.*	
§ charronage. 29.	*charronnage.*	
* charte partie.	*charte-partie.*	
Charybde.		*Carybde.*
Châtellerault.	*Châtelleraut.*	
Chaumontel.		*Chacemontel.*
chauves-souris (les).	*chauve-souris.*	
cheik.	*cheick.*	
chêne vert.	*chêne-vert.*	
cheptel.	*chepteil.*	
chervis.		*chiroui.*
chèvrefeuille.	*chèvre-feuille.*	
chevronné. 27.	*chevroné.*	
chez-soi (un).	*chez soi.*	
chien marin.	*chien-marin.*	
· chincilla.	chinchilla.	
	chiroui.	chervis.
	chiste.	kyste.
	choléra-morbus.	cholera...
* cholédoque.	*cholidoque.*	
choléra. 55.		*colera.*
§ cholera-morbus. 56.		*choléra...*
* cholérique (tempérament).		*colérique.*
chorée.		*corée.*
§ chorège. 18.	*chorége.*	
* chorégraphie.	*chorégraphie.*	

* choriambe.		*coriambe.*
chou blanc (faire).	*chou-blanc.*	
chou de chien.	*chou-de-chien.*	
chrysanthème.	*chrysanthemum.*	
chrysolithe.	*chrysolite.*	
chuchoter.	*chucheter.*	
chuchoteur.	*chucheteur.*	
cicerole.	*cicérole.*	
	cicisbée.	sigisbée.
	cimbalaire.	cymbalaire.
	cime (fleurs en).	cyme.
* cimolée [subst.].	*cimolie.*	
: cimolée [adject.].	cimolie.	
§ ciroène. 45.	*ciroëne.*	
: cirre.	cirrhe.	
	cirsakas.	sirsacas.
* cirsion.	*cirsium.*	
§ ciseaus. 5.	*ciseaux.*	
clayonage. 29.	*clayonnage.*	
: clef.	*clé.*	
clephte.		*klephte.*
" clinopode.	*clinopodium.*	
	clisse [T. de chirurg.].	éclisse.
§ cloisonage. 29.	*cloisonnage.*	
	Clugny.	Cluny.
* Cluny.	*Cluni.*	
cobalt.		*cobolt.*
§ cobéa. 59.	*cobæa.*	
: cobée.	cobéa.	
	cobolt.	cobalt.
* coccyx.	*coccix.*	
cochon d'inde.	*cochon-d'inde.*	
· cochon marron.	*cochon-marron.*	
	coeffe. Etc.	coiffe. Etc,
	cœliaque.	céliaque.
* coétat.	*co-état.*	
coffre-fort.	*coffre fort.*	
coiffe. Etc.		*coeffe. Etc.*
coing.	*coin.*	
colégataire.		*collégataire.*
	cholera.	choléra.

* colérique (humeur).		*cholérique.*
: colir.	coli.	
	collégataire.	colégataire.
§ collège. 18.	*collége.*	
colonade. 29.	*colonnade.*	
* colostrum.	*colostre.*	
commissaire ordonnateur.	*commissaire-ordonnateur.*	
§ compagnonage. 29.	*compagnonnage.*	
* comparaître. 1.	*comparoître.*	
Compiègne. 18.	*Compiégne.*	
§ complettement. 14.	*complétement* [*adv.*].	
* conclut (il).	*conclud.*	
§ confessional. 29.	*confessionnal.*	
confitéor. 55.	*confiteor.*	
: congénital.	*congénial.*	
* connaissance. Etc. 1.	*connoissance. Etc.*	
conscrits (pères).	*conscripts.*	
† conseiller clerc.	*conseiller-clerc.*	
§ constitutionalité. 31.	*constitutionnalité.*	
* contiguïté.	*contiguité.*	
contredanse.	*contre-danse.*	
contumax [personne].	*contumace.*	
	convenant [*subst.*].	covenant.
: *copaïer.* 24.	copayer.	
	copeck.	kopeck.
: cophte.	*copte.*	
* coq-des-jardins.	*coq des jardins.*	
coq faisan.	*coq-faisan.*	
coralline.	*coraline.*	
: coran.		*alcoran.*
	corée.	chorée.
* coriacé.	*coriacée.*	
	coriambe.	choriambe.
	coris.	cauris.
* corne-de-cerf [plante].	*corne de cerf.*	
Cornélia (la famille).	*Cornelia.*	
corps de garde.	*corps-de-garde.*	
corps de logis.	*corps-de-logis.*	
§ Corrège (le). 18.	*Corrége.*	
cortège.	*cortége.*	
* coséсante.	*co-sécante.*	

* coseigneur.	*co-seigneur.*	
cosinus.	*co-sinus.*	
cotangente.	*co-tangente.*	
§ cotonade. 29.	*cotonnade.*	
	cotre.	cutter.
* cotuteur.	*co-tuteur.*	
§ cotylédonné. 27.	*cotylédoné.*	
* Coucy.	*Couci.*	
cou-de-pied.	*coude-pied.*	
coupe-gorge (des).	*coupe-gorges.*	
	courcive.	coursive.
: courlis.	*courlieu.*	
* coursive.		*courcive.*
courte haleine.	*courte-haleine.*	
couteau de chasse.	*couteau-de-chasse.*	
covenant.		*convenant.*
: cranologie.	craniologie.	
* crase.	*crâse.*	
: crassane.		cresane.
craticuler.		graticuler.
§ crédo. 55.	*credo.*	
* crémer.	*crèmer.*	
crémière.	*crèmière.*	
crénage. Etc.		*écrénage. Etc.*
" crénoir.		*écrénoir.*
* Créquy.	*Créqui.*	
: cresane.		crassane.
* crête-de-coq [plante].	*crête de coq.*	
	cric [poignard].	crid.
* cric crac.	*cric-crac.*	
crid.		*cric.*
" criions. Etc. 41.	*criions. Etc.*	
§ critérium. 55.	*criterium.*	
* crois [impérat.].	*croi.*	
croque au sel.	*croque-au-sel.*	
: crucifiement. 19-20.	*crucifîment.*	
	cu.	cul.
: cuiller.	*cuillère.*	
cul.		*cu.*
* cul-de-lampe.	*cul de lampe.*	
: cutter.		*cotre.*

* cymbalaire.		*cimbalaire.*
: cyme (fleurs en).		*cime.*
* cynancie.		*kynancie.*
cystotome.		*kystotome.*
cystotomie.		*kytéotomie. Etc.*
: czar.		*tzar.*
* da (oui-).	*dà.*	
	daler.	thaler.
* Danemark.	*Danemarck.*	
datura.	*dature.*	
débarcadère.	*débarcadour.*	
§ débonaire. 29.	*débonnaire.*	
débonairement. Etc. 30.	*débonnairement. Etc.*	
: débotter (au).	*débotté.*	
* débouché (un).	*déboucher.*	
: debout (vent).	*de bout.*	
* deçà.	*de-çà.*	
	déchouer.	déséchouer.
	déciller.	dessiller.
* décorum. 55.	*decorum.*	
: découple (au).	*découpler.*	
§ décruement. 19-20.	*décrûment.*	
* défens.	*défends.*	
: défiler [action].	*défilé.*	
* dégaine.	*dégaîne.*	
dégainer.	*dégaîner.*	
: dégravoiement. 19-20.	dégravoîment.	
* degré.	*dégré.*	
§ dégrever. 40.	*dégréver.*	
* déguignonner. 27.	*déguignoner.*	
: déhonté.		éhonté.
déjeuner [repas].	*déjeuné.*	
* delà [préposition].	*de-là.*	
§ délaiement. 19-20.	*délayement.*	
déléatur. 55.	*deleatur.*	
déliquium.	*deliquium.*	
démaillotter. 39.	*démailloter.*	
* demi cru (à).	*demi-cru.*	
denier de Saint-Pierre.	*denier Saint...*	
denier vingt (au).	*denier-vingt.*	
: *dénouement.* 19-20.	dénoûment.	

§ dénuement. 19-20.	*dénûment.*	
* dépècement. 10.	*dépécement.*	
dépecer.	*dépiécer.*	
déploiement. 19-20.	*déployement.*	
: dérocher.	déroquer.	
derviche.	dervis.	
déséchouer.		*déchouer.*
§ désensorcèlement. 10.	*désensorcellement.*	
† dès là.	*dès-là.*	
: dessiller.		*déciller.*
* dessouler.	*dessoûler.*	
§ détonner. 36.	*détoner.*	
* deutérocanonique.	*deutéro-canonique.*	
: dévouement. 19-20.	*dévoûment.*	
* diabète.	*diabétès.*	
	diachilon.	diachylon.
: diachylon.	diachylum.	
diaconesse.	*diaconisse.*	
" diaphœnix.	*diaphénie.*	
diasébeste.	*diasebeste.*	
* diatragacanthe.	*diatragacante.*	
dièse.	*diesis.*	
Dieudonné.	*Dieu-donné.*	
différend.	*différent.*	
§ dindoneau. 29.	*dindonneau.*	
: dînée (après-).	*dîné* [*masc.*].	
——		*dîner.*
dîner [repas].	*dîné.*	
	dîner (l'après-) [*masc.*].	dînée.
* diphthongue.	*diphtongue.*	
diptyques.	*diptiques.*	
	discrétement.	discrettement.
§ discrettement. 14.	*discrètement.*	
* disparaître. 1.	*disparoître.*	
: dizenier.	*dizainier.*	
† docteur régent.	*docteur-régent.*	
* Dodone.	*Dodône.*	
domptable. Etc.	*domtable. Etc.*	
don Quichotte.	*don-Quichotte.*	
doradille. 46.	*doradilla.*	
doronic.	*doronique.*	

: doublé [au jeu de billard].		*doublet.*
* double-deux.	*double deux.*	
	doublet [au jeu de billard].	doublé.
* double-tierce.	*double tierce.*	
: draba.		drave.
	draban.	traban.
: drachme.	*dragme.*	
§ dragonade. 29.	*dragonnade.*	
: drave.		draba.
* drogman.	*drogueman.*	
du Cange.	*Du Cange.*	
	duo (des).	duos.
§ duodénum. 55.	*duodenum.*	
* duos [plur.].		*duo.*
" e... 58.		*è regione.*
* eaus et forêts.	*eaus-et-forêts.*	
" èbe.	*ebe.*	
	écarlatine.	scarlatine.
§ *ecce homo* (un). 56.		*un ecce...*
" échéno.	*écheno.*	
échinope.		*échinopus.*
échinophore.	*échinophora.*	
	échinopus.	échinope.
" échioïdes.	*échroïdes.*	
: éclisse [T. de chirurg.].		*clisse.*
écofrai.	écofroi.	
écoinçon.	*écoinson.*	
	écope.	escope.
* écossais. 1.	*écossois.*	
" ecphractique.	*écphractique.*	
* écrémer.	*écrèmer.*	
	écrénage. Etc.	crénage. Etc.
§ écriture *in rebus.* 56.	*écriture in...*	
* écriture sainte (l').	*écriture-sainte.*	
	ecsarcome.	sarcome.
* écuelle-d'eau [plante].	*écuelle d'eau.*	
effendi.	*efendi.*	
: éhonté.		déhonté.
	élictroïde.	élytroïde.
* Élysiens (champs).	*Élyséens.*	
" élytroïde.		*élictroïde.*

: embauchoir.	*embouchoir.*	
* émérus.	*émerus.*	
: émionite.		hémionite.
	emmaigrir.	amaigrir.
	emmariner.	amariner.
: emménagements.		*aménagements.*
" empétrum. 55.	*empetrum.*	
* en bas (par).	*en-bas.*	
enchifrènement. 10.	*enchifrenement.*	
" enchiridion.		*enkiridion.*
: enclumeau.	enclumot.	
encoignure.	*encognure.*	
* en droit soi.	*endroit...*	
" énéorème.	*énéorême.*	
* engainer.	*engaîner.*	
	enkiridion.	enchiridion.
* enkysté.	*enkisté.*	
: *enregîtrement.*	enregistrement.	
enregîtrer.	enregistrer.	
§ ensorcèlement. 10.	*ensorcellement.*	
entretailler. 52.	*entre-tailler.*	
" enula campana. 56.	*énula...*	
: éparcet.		esparcette.
éparvin.	*épervin.*	
" éphialte.	*éphialtes.*	
* épi d'eau.	*épi-d'eau.*	
" épine arabique.	*épine-arabique.*	
§ épiphore. 46.	*épiphora.*	
" épistémonarque.	*épistemonarque.*	
§ époumonner. 27.	*époumoner.*	
	eptacorde. Etc.	heptacorde. Etc.
: épulide.	épulie.	
" *e regione* (tomber). 56.		*tomber e...*
* érésipélateux.		*érysipélateux.*
érésipèle.		*érysipèle.*
: érigne.	*érine.*	
erminette.		*herminette.*
ermitage.		*hermitage.*
ermite.		*hermite.*
erratum.	errata.	
* errements. 2.	*erremens.*	

: érucague.	*érucago.*	
	érysipélateux. Etc.	érésipélateux. Etc.
* escarole.		*scariole.*
escarotique.		*escharotique.*
escaveçade.	*escavessade.*	
	escharotique.	escarotique.
* escope.		*écope.*
	escubac.	scubac.
* Éson.		*Æson.*
: espalmer.		spalmer.
esparcette.		éparcet.
§ espionage. 29.	*espionnage.*	
* esprit de soufre.	*esprit-de-soufre.*	
: esquine [plante].		squine.
” essère.	*essera.*	
: esteuble.		éteule.
” esthiomène.	*estiomène.*	
: estouffade.		*étouffade.*
étai de muraille [masc.].	*étaie...*	
§ étaiement. 19-20.		*étayement.*
étalonage. 29.	*étalonnage.*	
* état-major.	*état major.*	
	étayement.	étaiement.
§ *et cætera* de notaire. 56.	et cætera de...	
: éteule.		esteuble.
§ étincèlement. 10.	*étincellement.*	
* Étioles.	*Étiolle.*	
	étouffade.	estouffade.
* étripe-cheval (à).	*étripe cheval.*	
§ Euphrosyne. 60.	*Euphrosine.*	
* européen.	*européan.*	
: évent [T. d'artill.].		*vent.*
§ évêque *in partibus infidelium*. 56.	*évêque in...*	
* exanthème.	*exanthême.*	
exclu.	*exclus.*	
§ exéat. 55.	*exeat.*	
exéquatur.	*exequatur.*	
* exophthalmie.	*exophtalmie.*	
ex professo.	*ex-professo.*	
: fabricant.	*fabriquant.*	
§ fac-simile (un). 56.		*un* fac...

: factorerie.	*factorie.*	
* factotum.	*factoton.*	
faible. Etc. 1.		*foible. Etc.*
: faisane (poule).	faisande.	
	fakir.	faquir.
§ fanfaronade. 29.	*fanfaronnade.*	
: fantaisie.		*phantaisie.*
* fantasmagorie.		*phantasmagorie.*
fantasmagorique.		*phantasmagorique.*
	fanton.	fenton.
* faquir.		*fakir.*
: faucheux.	faucheur.	
§ fauconeau. 29.	*fauconneau.*	
* fausse-braie.	*fausse braie.*	
faux-bourdon.	*faux bourdon.*	
† faux-monnayeur.	*faux monnayeur.*	
§ fe (auto-da-). 56.	*fé.*	
* felouque.	*félouque.*	
§ Fénelon. 60.	*Fénélon.*	
: fenouillette [pomme].	*fenouillet.*	
fenton.		*fanton.*
" ferrarais. 1.	*ferrarois.*	
* Ferté-sous-Jouarre (la).	*Ferté sous Jouarre.*	
§ fetida (assa). 56.		*fœtida.*
* fétoyer.	*festoyer.*	
ficoïde.	*ficoïdes.*	
: flegmagogue.		*phlegmagogue.*
	flegmasie.	phlegmasie.
: flegmatique [T. de méd.]. Etc.		*phlegmatique. Etc.*
§ flegmonneux. 28.	*flegmoneux.*	
* fleuronné. 27.	*fleuroné.*	
" flûte-de-berger [plante].	*flûte de berger.*	
: foerre.	*foarre.*	
	fœtida.	fetida.
	foible. Etc.	faible. Etc.
	fois de corps (à).	bras-le-corps.
* folle enchère.	*folle-enchère.*	
: fontenier.	*fontainier.*	
* Fontenoy.	*Fontenoi.*	
§ forté. 55.	*forte.*	
* fougasse.	*fougade.*	

* fourmilier.	*fourmiller.*	
frairie.		*frérie.*
français. 1.	*françois.*	
francs archers.	*francs-archers.*	
: frangier.	franger.	
* frappé (le).	*frapper.*	
	frérie.	frairie.
§ friponeau. 29.	*friponneau.*	
† froment locar.	*froment-locar.*	
* gabarit.	*gabari.*	
	gaiement.	*gaîment.*
: gaieté.	*gaîté.*	
gaillet.		caille-lait.
gaîment. 20.		gaiement.
galéasse.	*galéace.*	
* garçon-major.	*garçon major.*	
gardien noble.	*gardien-noble.*	
§ gasconade. 29.	*gasconnade.*	
* gélivure.	*gelivure.*	
§ gémeaus. 5.	*gémeaux.*	
* Gênes.	*Gènes.*	
Gengis Kan.	*Gengis-Kan.*	
Germain des prés (Saint-).	*Germain-des-prés.*	
Germain l'Auxerrois.	*Germain-l'Auxerrois.*	
	gérofle.	girofle.
* gigotter.	*gigoter.*	
giratoire.		*gyratoire.*
: giraumont.	giraumon.	
girofle.		*gérofle.*
gisons (nous). Etc.	*gissons. Etc.*	
	glama.	lama.
* gland de mer.	*gland-de-mer.*	
gland de terre.	*gland-de-terre.*	
: glougloter.	*glouglouter.*	
* glume.	*gloume.*	
§ goèmon. 45.	*goëmon.*	
gonfalonnier. Etc. 27.	*gonfalonier. Etc.*	
* gorge-de-pigeon (le). 50.	*gorge de pigeon.*	
† gorge de pigeon (taffetas).	*gorge-de-pigeon.*	
* goths (les).	*gots.*	
gouache.	*gouasse.*	

: goulotte [ornement de jardin].	goulette.	
goussaut.	*goussant.*	
* grand Châtelet (le).	*grand-Châtelet.*	
grand-croix.	*grand croix.*	
grand-duc.	*grand duc.*	
grand œuvre (le).	*grand-œuvre.*	
grand prêtre.	*grand-prêtre.*	
Grand Seigneur (le).	*Grand-Seigneur.*	
grand'tante.	*grand'-tante.*	
granit.	*granite.*	
: grappin.	*grapin.*	
gras-fondu.	gras-fondure.	
§ grasseiement. 22.	*grasseyement.*	
: graticuler.		craticuler.
	gravats.	gravois.
* gravelle.	*gravèle.*	
: gravois.		*gravats.*
gréement. 21.		*grément.*
§ grège. 18.	*grége.*	
	grément.	gréement.
* grémil.	*gremil.*	
§ grianeau. 29.	*grianneau.*	
griffonage.	*griffonnage.*	
: grillet.	grillette.	
* gris brun (le). 50.	*gris-brun.*	
gris-brun (habit).	*gris brun.*	
† gris-de-lin (ruban).	*gris de lin.*	
gris-de-more (bas).	*gris de more.*	
gris-de-perle (soie).	*gris de perle.*	
§ gris-de-souris (couleur).	*gris de souris.*	
* gros Jean.	*gros-Jean.*	
Gruyères.	*Gruyère.*	
Guadiana (la).	*Guadiane.*	
Gueldre.	*Gueldres.*	
guère [en prose].	*guères.*	
	gyratoire.	giratoire.
§ hac (ab hoc et ab). 58.	*hâc.*	
	hæmatoxylum.	hématoxylon.
* hais (je).	*hai.*	
hais [impérat.].	—	
† halte-là.	*halte là.*	

	hamanthus.	hémanthe.
	hanscrit.	sanscrit.
: hanse.		*anse.*
hanséatique.		*anséatique.*
	hansière.	haussière.
	haras [perroquet].	ara.
: harnais [équipage de chevaux]. 1.	*harnois.*	
haussière.		aussière.
* haut allemand (parler).	*haut-allemand.*	
haut bord (vaisseau de).	*haut-bord.*	
: haut-de-chausse.	*haut-de-chausses.*	
* haute lisse.	*haute-lisse.*	
haute lutte.	*haute-lutte.*	
haut-empire (le).	*haut empire.*	
hautes œuvres.	*hautes-œuvres.*	
haut-fond.	*haut fond.*	
† haut le pied (chevaux renvoyés).	*haut-le-pied.*	
: hauts-de-chausse.	hauts-de-chausses.	
hellanodices.	hellanodiques.	
" hémanthe.		*hamanthus.*
hématoxylon.		*hæmatoxylum.*
* hémérocalle.	*hémérocale.*	
: hémionite.		émionite.
hémiplégie.	hémiplexie.	
* hémoptoique.	*hémoptyque.*	
heptacorde.		*eptacorde.*
heptagone.		*eptagone.*
† herbe à Robert.	*herbe-à-Robert.*	
* herbe aus chats.	*herbe au chat.*	
	herborisé.	arborisé.
* hercotectonique.	*herco-tectonique.*	
	herminette.	erminette.
	hermitage. Etc.	ermitage. Etc.
	hermodacte.	hermodatte.
" hermodatte.	*hermodate.*	
§ héroneau. 29.	*héronneau.*	
* hollandais. 1.	*hollandois.*	
hommage lige.	*hommage-lige.*	
	honchets.	jonchets.
: hongroyeur.	*hongrieur.*	
* hors-d'œuvre (les).	*hors-d'œuvres.*	

	houlan.	uhlan.
: hourra.	*houra.*	
* hourvari.		*ourvari.*
	housard.	hussard.
§ housceaus. 5.	*houseaux.*	
	houssard.	hussard.
	houssarde (à la).	hussarde.
* houx-frelon.	*houx frelon.*	
	hulan.	uhlan.
: huhau.	*hurhau.*	
	hurhaut.	*hurhau.*
:' hussard.		*housard.*
		houssard.
* hussarde (à la).		*houssarde.*
	hyacinthe [plante].	jacinthe.
" hydrophylle.	*hydrophillum.*	
	hydrophisocèle.	hydrophysocèle.
" hydrophthalmie.	*hydrophtalmie.*	
hydrophysocèle.		*hydrophisocèle.*
hyoscuame.	*hyosciame.*	
* hypèthre.	*hypètre.*	
" hypopyon.	*hypopion.*	
* hypoténuse.	*hypothénuse.*	
hystérolithe.	*hystérolite.*	
§ iambe. Etc. 42.	*iambe. Etc.*	
* ichthyolithe.	*ichtyolite.*	
ichthyologie. Etc.	*ichtyologie. Etc.*	
§ ieux. 43.		*yeux.*
: iléon.	*iléum.*	
illisible [au propre].		inlisible.
impromptu (des).	*impromptus.*	
§ indiscrettement. 14.	*indiscrètement.*	
* indomptable.	*indomtable.*	
indompté.	*indomté.*	
	inlisible [au propre].	*illisible.*
§ *in manus* (son). 56.		*son in...*
in pace (mettre).		*mettre in...*
in reatu (être),		*être in...*
	insçu.	insu.
* instantané.	*instantanée.*	
insu.		*insçu.*

" intempérammcnt.	*intempérament.*	
* intussusception.	*intus-susception.*	
ipécacuana.	*ipécacuanha.*	
§ ipso facto (excommunié). 56.		*excommunié* ipso...
" ithyphalle.	*ityphale.*	
* iule.		*jule.*
ivraie. 1.	*ivroie.*	
jaboter.	*jabotter.*	
: jacinthe.		*hyacinthe.*
§ jamboneau. 29.	*jambonneau.*	
* jan qui ne peut.		*jean...*
japonais. 1.	*japonois.*	
† jardinier fleuriste.	*jardinier-fleuriste.*	
§ jaune fauve (un). 50.	*jaune-fauve.*	
* Jean de Latran.	*Jean-de-Latran.*	
Jean l'Aumônier (S.).	*Jean-l'Aumônier.*	
	jean qui ne peut.	jan...
§ jéjunum. 55.	*jejunum.*	
* jeudi gras.	*jeudi-gras.*	
jeudi saint.	*jeudi-saint.*	
: joncaire.		juncaria.
jonchets.		*honchets.*
* joubarbe.	*jombarde.*	
§ judicatum solvi (caution). 56.		*caution* judicatum...
	jule [insecte].	iule.
	Jule Romain.	Jules...
* Jules César.	*Jules-César.*	
Jules Romain.		*Jule...*
: juncaria.		joncaire.
† juré crieur.	*juré-crieur.*	
: jury.	*juri.*	
* jusque-là.	*jusque là.*	
juxtaposition.	*juxta-position.*	
: kakatoës.		*katakoua.*
kandjar.	*kangiar.*	
* kaolin.		*caolin.*
: karmesse.		kermesse.
	katakoua.	kakatoës.
	kératophyllon.	cératophylle.
* kératophyte.		
: kermesse.		karmesce.

	kinine.	quinine.
	klephte.	clephte.
* kopeck.		*copeck.*
	koran.	coran.
	kynancie.	cynancie.
* kyste.		*chiste.*
	kystiotomie.	cystotomie.
	kystotome.	cystotome.
	kystotomie. Etc.	cystotomie.
* là-bas.	*là bas.*	
	labdanum.	ladanum.
† Lacédémone. 60.	*Lacédemone.*	
: ladanum.		*labdanum.*
* là dedans.	*là-dedans.*	
là-dessus.	*là dessus.*	
" lagope.		*lagopus.*
* lagophthalmie.	*lagophtalmie.*	
	lagopus.	lagope.
* là-haut.	*là haut.*	
: laïque.	*laïc.*	
lama [animal].		*llama.*
	lamantin.	lamentin.
: lambruche.	lambrusque.	
* Lamego.	*Lamégo.*	
: lamentin.		*lamantin.*
* la Motte (besi de).	*Lamotte.*	
: landau.	*landaw.*	
* langue-de-cerf [plante].	*langue de cerf.*	
langue-de-chien [plante].	*langue de chien.*	
langue-de-serpent [plante].	*langue de serpent.*	
§ lantiponage. 29.	*lantiponnage.*	
: lanturlu.	*lanturelu.*	
" lapathum.	*lapatum.*	
* lapis-lazuli.	*lapis lazuli.*	
la Ramée.	*La Ramée.*	
larigot (tire-).	*la rigaud.*	
larme-de-Job.	*larme de Job.*	
larme-de-verre.	*larme de verre.*	
larmières [larmes de cerf].	*larmiers.*	
§ larroneau. 29.	*larronneau.*	
larronesse. 32.	*larronnesse.*	

* las d'aller (un).	*las-d'aller.*	
: last.	*laste.*	
* laurier-rose. Etc.	*laurier rose. Etc.*	
	lavanche.	avalanche.
	lavange.	*avalange.*
§ layettier. 26.	*layetier.*	
: lazzi (des).	*lazzis.*	
* le Bel (Philippe). Etc.		*Philippe-le-Bel. Etc.*
le Brun (tableau de).	*Lebrun.*	
lèche-doigts (à).	*lèche doigts.*	
" lécythe.	*lecythe.*	
lède.	*lede.*	
· lédum.	*lède.*	
* légat-né.	*légat né.*	
§ lège. 18.	*lége.*	
* légionnaire. 27.	*légionaire.*	
: lérot.		*liron.*
léthech.	létech.	
———	létèque.	
	leucoflegmatie.	leucophlegmatie.
" leucome.	*leucoma.*	
: leucophlegmatie.		*leucoflegmatie.*
* liane.		*liène.*
" libanie.	*libanotis.*	
§ libéra. 55.	*libera.*	
	lice [T. de manufact.].	lisse.
§ liège. 18.	*liége.*	
	liène.	liane.
* lieutenant-colonel.	*lieutenant colonel.*	
: limace [insecte].	*limas.*	
§ limonneux. 28.	*limoneux.*	
limonnier. Etc. 27.	*limonier. Etc.*	
* limosinage.	*limousinage.*	
	liron.	lérot.
* Lisieux.		*Lizieux.*
lisse [T. de manufact.].		*lice.*
§ listeaus. 5.	*listeaux.*	
liteaus.	*liteaux.*	
* livre journal.	*livre-journal.*	
	Lizieux.	Lisieux.
	llama.	lama.

* Lô (Saint-).	*Lo.*	
	lok.	looch.
	long-temps.	lontemps.
: lonchitis.	*lonkite.*	
§ lontemps. 48.		*longtemps.*
: looch.		*lok.*
* Los Reyes.	*Los-Reyes.*	
§ Loth. 60.	*Lot.*	
: lotus.	*lotos.*	
* Lubeck.	*Lubek.*	
lunettier. 26.	*lunetier.*	
" lycope.	*lycopus.*	
	macer.	masser.
: mâchecoulis.	*mâchicoulis.*	
macle [fruit].		macre.
§ maçonage. 29.	*maçonnage.*	
maçonique. 31.	*maçonnique.*	
: macre.		macle.
* Madeleine.	*Madelaine. Etc.*	
	maëstral. Etc.	mistral. Etc.
	maflu.	*mafflu.*
: mafflé.	*mafflu.*	
	Magdeleine.	Madeleine.
: mage (juge).		*maje.*
* Mailly.	*Mailli.*	
main basse (faire).	*main-basse.*	
main-d'œuvre.	*main d'œuvre.*	
† maître autel.	*maître-autel.*	
	maje.	mage.
: malai.	*malais.*	
malavisé.	*mal avisé.*	
malbâti.	mal bâti.	
mal en point.	mal-en-point.	
malfamé.	mal famé.	
† malintentionné.	*mal intentionné.*	
* mal-jugé (le).	*mal jugé.*	
† malpeigné.	mal peigné.	
* mal semé.	*malsemé.*	
: malsonnant.	*mal sonnant.*	
malvoulu.	mal voulu.	
§ manège. 18.	*manége.*	

§ maquignonage. 29.	*maquignonnage.*	
* marabouts (des).	*marabous.*	
maravédis.	*maravedis.*	
marelle.		*mérelle.*
	marfil.	morfil.
§ marronage. 29.		*marronnage.*
* marronnier. 27.	*marronier.*	
	marronnage.	marronage.
: martre.	*marte.*	
* masser.		*macer.*
: massorah.	massore.	
* massorètes.	*massorettes.*	
Matthias (saint).	*Mathias.*	
Matthieu (saint).	*Mathieu.*	
méconnaissable. Etc. 1.	*méconnoissable. Etc.*	
	mécredi.	mercredi.
: meigle.	*mègle.*	
meistre.		*mestre.*
" mélampyre.	*melampirum.*	
* Mélanchton.	*Mélancton.*	
Melchisédech.	*Melchisédec.*	
mélilot.		*mirlirot.*
" mellilithe.	*mélitite.*	
* mélongène.	*melongène.*	
mémento. 55.	*memento.*	
§ méon.	*meon.*	
: méon.		méum.
* mercredi.		*mécredi.*
merde d'oie (couleur). 50.	*merde-d'oie.*	
mère goutte.	*mère-goutte.*	
	mérelle.	marelle.
* mère l'oie (conte de ma).	*mère-l'oie.*	
merveille (à).	*merveilles.*	
: mésair.		mézair.
	mestre.	meistre.
: métis.	*métif.*	
§ méum.	*meum.*	
: méum.		méon.
mézair.		mésair.
" milanais. 1.	*milanois.*	
	mirlirot.	mélilot.

: mirmidon.		*myrmidon.*
§ miscellanéa. 55.	*miscellanea.*	
: miscellanées.	miscellanéa.	
mistral.		*maëstral.*
" mistréliser.		*maëstréliser.*
* mobiliaire (contribution).	*mobilière.*	
mofette.		*moufette.*
§ moie. 20.		*moye.*
* momie.		*mumie.*
monnaie. Etc. 1.	*monnoie. Etc.*	
monôme.	*monome.*	
mont Carmel.	*mont-Carmel.*	
mont-de-piété.	*mont de piété.*	
mont d'Or (le).	*mont-d'Or.*	
Montmorency.	*Montmorenci.*	
mont pagnote.	*mont-pagnote.*	
mont Saint-Michel.	*mont-Saint...*	
§ morcèlement. 10.	*morcellement.*	
* morfil.		*marfil.*
mortaise. 1.		*mortoise.*
† morte-eau.	*morte eau.*	
morte-saison.	*morte saison.*	
	mortoise.	mortaise.
: motelle.	*moteille.*	
* mouche-guêpe.	*mouche guêpe.*	
	moufette.	mofette.
	moye.	moie.
	mumie.	momie.
* musette (cligne-).	*mussette.*	
	myrmidon.	mirmidon.
: naguère.	*naguères.*	
* Nancy.	*Nanci.*	
natron.	*natrum.*	
§ nautonnier. 27.	*nautonier.*	
: nécromancien.	*négromancien.*	
nécromant.	négromant.	
† *ne varietur* (parafer). 56.		*parafer ne...*
§ nivèlement. 10.	*nivellement.*	
* Nivernais (le). 1.	*Nivernois.*	
Noé.	*Noë.*	
§ Norwège. 18.	*Norwége.*	

§ *nota bene* qu'il.. 56.	nota bene qu'il.	
* Nouvelle-Espagne (la).	*Nouvelle Espagne.*	
: noyale.	*noyalle.*	
* numéros (les).	*numéro.*	
ô [vocatif].	*o.*	
obédientiel.	*obédienciel.*	
: obier.		*aubier.*
obsidiane.	*obsidienne.*	
* occasionnel. Etc. 27.	*occasionel. Etc.*	
octavonne.	*octavone.*	
odalisque.	*odalique.*	
: odéon.	*odéum.*	
* œil-de-serpent [pierre].	*œil de serpent.*	
† œils-de-bœuf.	*œils-de-bœufs.*	
: oignon. Etc.	*ognon. Etc.*	
§ oignonnet. Etc. 27.	*oignonet. Etc.*	
* oiseau-mouche.	*oiseau mouche.*	
: ombre [poisson].		umble.
" onagre [plante].	*onagra.*	
oncotomie.		*onkotomie.*
* onques.	*oncques.*	
	onkotomie.	oncotomie.
* oolithe.	*oolites.*	
opéra-comique.	*opéra comique.*	
ophthalmie. Etc.	*ophtalmie. Etc.*	
: opiat [électuaire].	*opiate* [*fémin.*].	
§ optimé. 57.	*optimè.*	
: oreillard.		*orillard.*
oreillons.		*orillons.*
§ orfèvre. 18.	*orfévre.*	
* organeau.		*arganeau.*
	orillard. Etc.	oreillard. Etc.
: ormaie.	*ormoie.*	
* orthien (nome).	*orthyen.*	
ossements. 2.	*ossemens.*	
: ostensoir.	ostensoire.	
* ostéocolle.	*ostéocole.*	
	ourvari.	hourvari.
§ ouvreaus. 5.	*ouvreaux.*	
* Oxford.	*Oxfort.*	
" oxysaccharum.	*oxysaccarum.*	

* pacha.		*bacha.*
§ paie. 25.		*paye.*
: *paiement.* 19-20.		payement.
————	patment.	
* pain d'épice.	*pain-d'épice.*	
Palais-Royal (le).	*Palais Royal.*	
pâli.		*bâli.*
: palissandre.	palixandre.	
* Pança (Sancho).		*Pansa.*
pancratiaste.	*pancratiale.*	
: pandour.	pandoure.	
	Pansa (*Sancho*).	Pança.
§ pantalonade. 29.	*pantalonnade.*	
* pantoiement.	*pantoiment.*	
§ paoneau. 29.	*paonneau.*	
* papegai.	*papegaud.*	
	papeline.	popeline.
" papelonné. 27.	*papeloné.*	
* papier-arabesque.	*papier arabesque.*	
† papier journal.	*papier-journal.*	
* papier vélin.	*papier-vélin.*	
: papilionacé.	*papillonacé.*	
* paquebot.		*paquet-bot.*
pâquerette.	*paquerette.*	
	paquet-bot.	paquebot.
* parachèvement.	*parachevement.*	
: parafe.		*paraphe.*
parafer.		*parapher.*
* Paraguay.	*Paraguai.*	
paraître. 1.		*paroître.*
§ parangonage. 29.	*parangonnage.*	
	paraphe. Etc.	parafe. Etc.
* par après.	*par-après.*	
par deçà.	*par-deçà.*	
par dedans.	*par-dedans.*	
par dehors.	*par-dehors.*	
par delà.	*par-delà.*	
par derrière.	*par-derrière.*	
par devant sa maison. 49.	*par-devant...*	
† par devers moi.	*par-devers...*	
§ par-devers le juge.	*par devers...*	

:	paréage.		pariage.
	parhélie.	*parélie.*	
	pariage.		paréage.
*	par là (prenez).	*par-là.*	
		paroître.	paraître.
*	paroxysme.	*paroxisme.*	
:	partenaire.	*partner.*	
*	par trop.	*par-trop.*	
	passavant.	*passe-avant.*	
:	pastinague.	pastinaque.	
		pate. Etc.	patte. Etc.
*	patronymique.	*patronimique.*	
	patte.		*pate.*
"	patté.		*paté.*
:	patte-pelu (un).	patte-pelue (une).	
*	pattu.	*patu.*	
	Paule (S. François de).	*Paul.*	
§	paulo-post-futur. 58.	*paulò...*	
		paye.	paie.
		payement.	*paiement.*
*	Peau d'âne (conte de).	*Peau-d'âne.*	
	Peccais (saline de).		*Pecquais.*
"	pêche-cerise.	*pêche cerise.*	
	pêche-noix.	*pêche noix.*	
		Pecquais.	Peccais.
*	Pecquet (réservoir de).		*Péquet.*
	Péloponèse.	*Péloponnèse.*	
:	peluche.		*pluche.*
§	pensionat. 29.	*pensionnat.*	
:	péplum.	*péplon.*	
		Péquet.	Pecquet.
*	percale.		*perkale.*
	percaline.		*perkaline.*
	périchondre.	*péricondre.*	
		perkale. Etc.	percale. Etc.
§	personage. 29.	*personnage.*	
	personalité. 31.	*personnalité.*	
	personification. Etc.	*personnification. Etc.*	
*	perspicuité.	*perspicuité.*	
	pétard. Etc.	*petard. Etc.*	
	pétase.	*petase.*	

: Pétaud.	*Petaud.*	
pétaudière.	*petaudière.*	
péter.	*peter.*	
* péteur. Etc.	*peteur. Etc.*	
: petillant. Etc.	*pétillant. Etc.*	
* petit Châtelet (le).	*petit-Châtelet.*	
petites-maisons.	*petites maisons.*	
petit-lait.	*petit lait.*	
† petit-métier [pâtisserie].	*petit métier.*	
petit pied du cheval.	*petit-pied...*	
* Phaéton.	*Phaëton.*	
: phalecce.	*phaleuque.*	
	phantaisie.	fantaisie.
	phantasmagorie. Etc.	fantasmagorie. Etc.
	phlegmagogue.	flegmagogue.
* phlegmasie.		*flegmasie.*
	phlegmatique. Etc.	flegmatique. Etc.
	phlegmoneux.	flegmonneux.
§ Phryxus. 60.	*Phrixus.*	
: piaste.	*piast.*	
* pied de bœuf.	*pied-de-bœuf.*	
pied d'œuvre (à).	*pied-d'œuvre.*	
pied fourché [droit].	*pied-fourché.*	
§ piège. 18.	*piége.*	
* Pierre aus liens.	*Pierre-aus-liens.*	
§ pigeoneau. 29.	*pigeonneau.*	
" pignonné. 27.	*pignoné.*	
† pilier butant.	*pilier-butant.*	
* pince-sans-rire (un).	*pince sans rire.*	
: pingouin.	pinguin.	
* pisé.		*pisay.*
pissasphalte.	*pisasphalte.*	
	pisay.	pisé.
§ plafonage. 29.	*plafonnage.*	
plancheyer. 24.	*planchéier.*	
* plates-bandes.	*plate-bandes.*	
plates-formes.	*plate-formes.*	
plat pays.	*plat-pays.*	
pleins pouvoirs.	*pleins-pouvoirs.*	
: plica (le).	plique (la).	
	pluche.	peluche.

* plupart.		*pluspart.*
: pluriel.	*plurier.*	
	pluspart.	plupart.
* plus-que-parfait.	*plus que parfait.*	
	plus tôt la mort que..	plutôt...
† plus-value.	*plus value.*	
* plutôt mourir que..		*plus tôt...*
: poêle [fourneau].		*poile.*
§ poème. Etc. 44.	*poëme. Etc.*	
* poil de souris (cheval). 50.	*poil-de-souris.*	
	poile.	poêle.
† points-voyelles.	*points voyelles.*	
: poireau.		*porreau.*
	Poissi.	Poissy.
§ poissonnaille. 32.	*poissonnaille.*	
* Poissy.		*Poissi.*
: polacre [navire].		*polaque.*
polaque [cavalier].	*polacre.*	
	polaque [navire].	polacre.
* polonais. 1.	*polonois.*	
polynôme.	*polynome.*	
	ponche.	punch.
* Pont-Neuf (le).	*Pont Neuf.*	
pontonnier. 27.	*pontonier.*	
: popeline.		*papeline.*
	porreau.	poireau.
§ portechous. 3.	*portechoux.*	
* portemanteau.	*porte-manteau.*	
portemanteaus [officiers].	———	
porte-voix.	*portevoix.*	
pot-au-feu (plus grand).	*pot au feu.*	
§ Potosi (le). 60.	*Potose.*	
: pou-de-soie.		*pout...*
pouillis.	*pouillier.*	
* poulet d'inde.	*poulet-d'inde.*	
· poulevrin.		pulvérin.
	poulpe.	pulpe.
	poumonique.	pulmonique.
§ pourai. Etc. 35.		*pourrai. Etc.*
* pourrir. Etc.	*pourir. Etc.*	
	pourrai. Etc.	pourai. Etc.

	poussolane.	pouzzolane.
	pout-de-soie.	pou...
	pouzolane.	pouzzolane.
: pouzzolane.		*pozzolane.*
* Pouzzoles.	*Pouzzol.*	
	pozzolane.	pouzzolane.
: presbytérianisme.	*presbytéranisme.*	
* président-né.	*président né.*	
pretantaine.	*pretantène.*	
prévôt. Etc.	*prevôt. Etc.*	
priions. Etc. 41.	*prîions. Etc.*	
prime saut (de).	*primesaut.*	
§ privilège. 18.	*privilége.*	
” procatarctique.	*procathartique.*	
§ processional.	*processionnal.*	
: processional.	*processionnel.*	
* procès-verbal.	*procès verbal.*	
§ procureur *ad lites.* 56.	*procureur ad...*	
: prognostic [T. de médec.].	pronostic.	
§ propaganda fide (de). 58.	*propagandâ...*	
* prophète-roi.	*prophète roi.*	
§ proportionalité. 31.	*proportionnalité.*	
: prosthèse [T. de chirurg.].	prothèse.	
psore.	psora.	
* psychologie.	*psycologie.*	
Ptolémée (almageste de).	*Ptolomée.*	
: pulmonique.		*poumonique.*
* pulpe [T. didact.].		*poulpe.*
: pulvérin.		poulevrin.
* punch.		*ponche.*
§ qua (sine). 58.	*quâ.*	
: quacre.		quaker.
	quadrat [T. d'imprim.]. Etc.	cadrat. Etc.
: quadrature [T. d'horlog.].		cadrature.
quaker.		quacre.
* quand et quand.	*quant et quant.*	
: quanquan.		cancan.
quartan.	quart an.	
* quart de cercle.	*quart-de-cercle.*	
quart d'écu.	*quart-d'écu.*	
” quart de nonante.	*quart-de-nonante.*	

:	quartinier.	*quartenier.*	
*	quarts d'écu.	*quarts d'écus.*	
	Québec.	*Quebec.*	
†	qu'en dira-t-on (le).	*qu'en-dira...*	
:	queue [pierre à aiguiser].		*queux.*
†	queue-d'aronde.	*queue d'aronde.*	
		queux [pierre].	queue.
*	quinine.		*kinine.*
§	quinqué. 55.	*quinque.*	
:	qui va là [interrogation].	*qui-va-là.*	
	qui vive [interrogation].	*qui-vive.*	
§	quo (usque). 58.	*quò.*	
*	quote-part.	*quote part.*	
	rabbiniste.	*rabbaniste.*	
:	râblu.	*râblé.*	
	rack.		arack.
	rafle [grappe].	*raffe.*	
		raide. Etc.	roide. Etc.
*	raie de champ.		*roye...*
		rainette [pomme].	reinette.
:	raire.		*réer.*
§	raisonner *a posteriori*. 56.	*raisonner a...*	
:	rajah.	raja.	
	ramadan.	*ramazan.*	
	ranger [renne].	rangier.	
*	raquettier. 26. ●	*raquétier.*	
		ratan.	rotang.
*	rebaptisants. 2.	*rebaptisans.*	
:	récif.		*rescif.*
	——		*ressif.*
	reclusion.	*réclusion.*	
*	reconnaissable. Etc. 1.	*reconnoissable. Etc.*	
	reconstitution.	*réconstitution.*	
	reconvention.	*réconvention.*	
	recors.	*record.*	
	récrémentitiel.	*récrémentiel.*	
:	rédondance. Etc.	*redondance. Etc.*	
	redoul.		roudou.
		réer.	raire.
:	refrognement.		*renfrognement*
	refrogner.		renfrogner.

:	*regître.*	registre.	
	regîtrer.	registrer.	
§	réglement. 10.	*règlement.*	
*	réglementaire.	*régléméntaire.*	
	regnicole.	*règnicole.*	
	reine de Hongrie (eau de la).	*reine d'Hongrie.*	
:	reinette.		*rainette.*
*	reis-effendi.	*reis effendi.*	
:	reître.		*rêtre.*
	remaniement. 19-20.	*remanîment.*	
*	Rembrandt.		*Rimbrand.*
:	*remerciement.* 19-20.	remercîment.	
		Remi.	Remy.
:	rémolade.		rémoulade.
	rémora.	*rémore.*	
	rémoulade.		rémolade.
	remuement. 19-20.	*remûment.*	
†	Remy. 60.		*Remi.*
		renfrognement.	refrognement.
:	renfrogner.		refrogner.
*	rengainer.	*rengaîner.*	
:	reniement. 19-20.	*renîment.*	
	renouement.	*renoûment.*	
§	renouvèlement. 10.	*renouvellement.*	
*	reparaître. 1.	*reparoître.*	
§	réquiem. 55.	*requiem.*	
		rescif.	récif.
:	*résiliement.* 19-20.	résilîment.	
		ressif.	récif.
§	rétentum. 55.	*retentum.*	
:	retrait du mortier.	*retraite...*	
		rêtre.	reître.
*	revenant-bon.	*revenant bon.*	
	revenants-bons (les).	*revenant-bons.*	
		reverquier.	revertier.
:	reversi.	*reversis.*	
*	revertier.		*reverquier.*
	rez-de-chaussée.	*rez de chaussée.*	
	Rheinfeld.	*Rhinfeld.*	
	rhingrave [culotte].		*ringrave.*
:	rhum.		*rum.*

: rigodon.	*rigaudon.*	
* riions. Etc. 41.	*rîions. Etc.*	
	Rimbrand.	Rembrandt.
	ringrave.	rhingrave.
* ripopée [fémin.].	*ripopé.*	
	ris [plante].	riz.
	risdale.	rixdale.
	riser.	arriser.
: ristorne.	*ristourne.*	
rit.	rite.	
* rixdale.		*risdale.*
riz.		*ris.*
: rob [T. de jeu].	*robre.*	
	robre [chêne].	rouvre.
: rock.		rouc.
* Rocroy.	*Rocroi.*	
rognonner. 27.	*rognoner.*	
: roide.		*raide.*
roideur. Etc.		*raideur. Etc.*
* rosée-du-soleil.	*rosée du soleil.*	
: rossicler.	rosicler.	
rotang.	rotin.	
* rôtisserie.	*rotisserie.*	
rôtisseur.	*rotisseur.*	
: rouc.		rock.
§ roucouler. 24.	*roucouyer.*	
: roudou.		redoul.
* rouge bord (boire à).		*rouges bords.*
rouges-gorges.	*rouge-gorges.*	
	rouges bords (boire à).	rouge bord.
	roure.	rouvre.
: rougette [chauve-souris].	roussette.	
roussi (cuir de).		*Russie.*
* routoir.		*rutoir.*
: rouvieux.	*roux-vieux.*	
rouvre.		*roure.*
	roye.	raie.
* rubis balais.	*rubis-balais.*	
	rum.	rhum.
	Russie (cuir de).	roussi.
	rutoir.	routoir.

: sabéisme.	*sabaïsme.*	
———	*sabisme.*	
§ sacrilège. 18.	*sacrilége.*	
sacrilègement.	*sacrilégement.*	
: sagette.	saette.	
	sai (je).	sais.
* saint chrême (le).	*saint-chrême.*	
sainte Chapelle (la).	*sainte-Chapelle.*	
Saint-Elme (feu).	*Saint Elme.*	
Saint-Esprit (le).	*Saint Esprit.*	
sainte Vierge (la).	*sainte-Vierge.*	
Saint-Jacques (chemin de).	*Saint Jacques.*	
Saint-Jean (mal).	*Saint Jean.*	
saint-office (le).	*saint office.*	
saint-père (notre).	*saint père.*	
saint Pierre (la nacelle de).	*Saint Pierre.*	
Saint-Pierre (chaire, clefs, etc. de).	——— ———	
saint sacrement (le).	*saint Sacrement.*	
Saint-Sacrement (N. du).	*Saint Sacrement.*	
saint-siège (le).	*saint siège.*	
saint suaire.	*saint-suaire.*	
saint Cyprien. Etc.		*saint-Cyprien. Etc.*
" Sainte-Beuve [nom propre].		*Sainte Beuve.*
* Sainte-Geneviève (cabinet de).		*Sainte Geneviève.*
Saint-Augustin (chanoines de).		*Saint Augustin.*
Saint-Joseph (chapelle de).		*Saint Joseph.*
Saint-Nicolas (confrérie de).		*Saint Nicolas.*
saint Jean (fête de).		*saint-Jean.*
Saint-Vincent (la).		*Saint Vincent.*
Saint-Lazare (maîtrise de).		*Saint Lazare.*
Saint-François (observance de).		*Saint François.*
Saint-Louis (ordre de).		*Saint Louis.*
Saint-Basile (règle de).		*Saint Basile.*
Saint-Benoît (religieux de).		*Saint Benoît.*
Sainte-Cécile (titre de).		*Sainte Cécile.*
sais (je).		*sai.*
: salicorne.	*salicor.*	
* samedi saint.	*samedi-saint.*	
	samscrit.	sanscrit.
	samskret.	———
* Samuel.	*Samuèl.*	

* Sancho Pança.	*Sancho-Pança.*	
: sandal.		*santal.*
	sandjiakat.	sangiacat.
: sang-de-dragon [liqueur].	sang-dragon.	
* sangiacat.		*sandjiakat.*
San Lucar.	*San-Lucar.*	
sanscrit.		*samscrit. Etc.*
	santal.	sandal.
* sarbotière.		*sorbétière.*
sarcome.		*ecsarcome.*
: sarrette.		serrette.
sauce à pauvre homme.	*sauce au...*	
§ saumonné. 27.	*saumoné.*	
: savantasse.	*savantas [en poésie].*	
§ savonage. 29.	*savonnage.*	
	scariole.	escarole.
* scarlatine.		*écarlatine.*
: scason.	scazon.	
* sceau-de-Notre-Dame.	*sceau de Notre...*	
§ sceau-de-Salomon. 51.	*sceau de Salomon.*	
: scénopégie.	*scénopégies [plur.].*	
schabraque.		*chabraque.*
	schako.	shako.
	schall.	châle.
	scholaire. Etc.	scolaire. Etc.
* Schwarzerd.	*Schwarserdt.*	
sclérophthalmie.	*sclérophtalmie.*	
: scolaire. Etc.		*scholaire. Etc.*
scoliaste. Etc.		*scholiaste. Etc.*
* scorpioïde.	*scorpioïdes.*	
	scuba.	scubac.
: scubac.		*escubac.*
———		*usquebac.*
sèche.		*seiche.*
§ secouement. 19-20.	*secoûment.*	
* secrétaire interprète.	*secrétaire-interprète.*	
§ secrette. 15.	*secrète.*	
secrettement. 14.	*secrètement.*	
	seiche.	sèche.
* seime quarte.	*seime-quarte.*	
: sélam.	*sélan.*	

* sellier-carrossier.	*sellier carrossier.*	
semen-contra.	*semen contra.*	
	sentène.	centaine.
	septier.	setier.
* sergent-major.	*sergent major.*	
: serger.	sergier.	
seringat.		syringa.
§ sermonaire. 29.	*sermonnaire.*	
: serrette.		sarrette.
* setier.		*septier.*
§ sève. 18.	*sève.*	
* Sèvres.	*Sèvre.*	
s'Gravesande (physique de).	*S'gravesande.*	
shako.		*chako. Etc.*
	shall.	châle.
	shanscrit.	sanscrit.
	sibarite.	sybarite.
§ siège. 18.	*siége.*	
: sigisbée.		*cicisbée.*
* silhouette.	*silouette.*	
: simultané.	*simultanée.*	
* *sine qua non* (condition). 56.		*condition sine...*
	siphilis. Etc.	syphilis. Etc.
: siroco.	*siroc.*	
* sirsacas.		*cirsakas.*
Sixte-Quint.	*Sixte Quint.*	
six vingts.	*six-vingts.*	
: sloop.	*sloupe.*	
sofa.		*sopha.*
sofi.		sophi.
* soie d'Orient.	*soie-d'Orient.*	
Soisy-sous-Étioles.	*Soisy sous Étioles.*	
§ solfège. 18.	*solfége.*	
	sopeur.	sopor.
	sopha.	sofa.
: sophi.		sofi.
* sophronistes.	*sophonistes.*	
sopor.		*sopeur.*
	sorbétière.	sarbotière.
§ sortilège. 18.	*sortilége.*	
* souchcteur.	*soucheveur.*	

: soudard.	*soudart.*	
	sougarde.	sous-garde.
	sougorge.	sous-gorge.
: soulte.		*soute.*
	soupé [*repas*].	souper.
	soupé (*l'après-*) [*masc.*].	soupée.
* soupe de lait (cheval). 50.	*soupe-de-lait.*	
: soupée (après-).	*souper* (*l'après-*) [*masc.*].	
———		*soupé.*
souper [repas].		———
	soupied.	sous-pied.
* sourcilier.	*sourcillier.*	
sous-garde.		*sougarde.*
sous-gorge.		*sougorge.*
sous-pied.		*soupied.*
	soute [*T. de jurisprud.*].	soulte.
: *soutènement.*	soutenement.	
souventefois.	souventes fois.	
" spagirique.	*spagyrique.*	
: spalmer.		espalmer.
* spath.	*spar.*	
: spée.		cépée.
§ spicilège. 18.	*spicilége.*	
: spontané.	*spontanée.*	
squine.		esquine.
squirre.	*squirrhe.*	
squirreux.	*squirrheux.*	
* staphylin.	*staphilin.*	
§ stationale. 29.	*stationnale.*	
statu quo (laisser *in*). 56.		*laisser in...*
* statu quo (le).		*le* statu...
stigmate.		*stygmate.*
stigmatiser.		*stygmatiser.*
	stoïsme.	stoïcisme.
* stockfisch.	*stokfiche.*	
Stockholm.	*Stokholm.*	
stoïcisme.		*stoïsme.*
: storax.		styrax.
§ strapassoner. 32.	*strapassonner.*	
stratège. 18.	*stratége.*	
: stratègue.	stratège.	

	stribord.	tribord.
* stryge.	*stryges.*	
	stygmate. Etc.	stigmate. Etc.
: styrax.		storax.
* sud-sud-est.	*sud sud...*	
: suiver.	*suiffer.*	
suspensoir.	*suspensoire.*	
* sybarite.		*sibarite.*
synalèphe.	*synalephe.*	
: synecdoche.	*synecdoque.*	
* Synésius.	*Synesius.*	
syphilis.		*siphilis.*
syphilitique.		*siphilitique.*
: syringa.		seringat.
	tachéographie.	tachygraphie.
* tachygraphe. Etc.	*tachigraphe. Etc.*	
tac tac.	*tac-tac.*	
taie d'oreiller.		*têt...*
	taler.	thaler.
: tamaris.	tamarisc.	
———	*tamarix.*	
* tambour-major.	*tambour major.*	
: tapioca.	tapioka.	
tartrique.	*tartarique.*	
§ tatillonage. 29.		*tatillonnage.*
* tatillonner. 27.	*tatillouer.*	
	tatillonnage.	tatillonage.
	tauréador.	toréador.
: teille. Etc.		tille. Etc.
" téléphium. 55.	*telephium.*	
* t'en (va-).	*t-en.*	
ténesme.	*tenesme.*	
tenettes.	*tenette.*	
: téorbe.		*théorbe.*
———		*tuorbe.*
tercer.		*terser.*
ternes [T. du jeu de dés].	*terne (un).*	
* terrain.	*terrein.*	
	terser.	tercer.
: test [T. de chimie].	*têt.*	
* test [T. d'hist. natur.].	—	

	têt d'oreiller.	taie...
* tetasses.	*tétasses.*	
tète-de-more [vase].	*tête de more.*	
tète morte [T. de chimie].	*tête-morte.*	
: teter. 17.	*téter.*	
* tetin. Etc.	*tétin. Etc.*	
: thaler.		*taler.*
———		*daler.*
	théorbe.	téorbe.
: thorachique.	*thoracique.*	
* thrombus.	*thrumbus.*	
: thuia.	thuya.	
§ thym (laurier-).		*tin.*
" thymbrée.	*thymbre.*	
	Tichobrahé.	Ticho-Brahé.
† Ticho-Brahé. 60.		*Tycho...*
* tiers état.	*tiers-état.*	
tiers saisi.	*tiers-saisi.*	
tignonner. 27.	*tignoner.*	
: tille [du chanvre].		teille.
tiller.		teiller.
§ timonnier. 27.	*timonier.*	
	tin (laurier-).	thym.
: tinta (aqua-).	*tinte.*	
tintenague.		toutenague.
* tintouin.	*tintoin.*	
· tire-larigot.	*tire la rigaud.*	
toast.		*toste.*
* Tolu.	*Tollu.*	
toréador.		*tauréador.*
	toste.	toast.
: touc.	toug.	
* tour de main (en un).		*tournemain.*
tournebride.	*tourne-bride.*	
	tournemain.	tour de main.
: tournoiement. 19-20.	*tournoîment.*	
* tout à fait	*tout-à-fait.*	
tout de bon.	*tout-de-bon.*	
: toutenague.		tintenague.
* toutes les Russies.	*toutes-les-Russies.*	
: toute-table.	toutes-tables.	

* tout sec.	*tout-sec.*	
traban.		*draban.*
tragacanthe.	*tragacante.*	
Transylvanie.	*Transilvanie.*	
Trapassi.	*Trapassa.*	
: trécheur.	trescheur.	
tréfonds.	*très-fonds.*	
§ très fort. Etc. 54.	*très-fort. Etc.*	
: tribord.		*stribord.*
* trille.	*tril.*	
: trine.	*trin.*	
* trique-madame.	*tripe...*	
	trocar.	trocart.
: trocart.	trois-quarts.	
trouble [T. de pêche].		*truble.*
* troussequin.	*trousse-quin.*	
	trouverre.	trouvère.
: trouvère.	*trouveur.*	
	truble.	trouble.
: trucheman.	truchement.	
* tue-tête (à).	*tue tête.*	
	tuorbe.	téorbe.
: tutoiement. 19-20.	*tutoîment.*	
	Tycho-Brahé.	Ticho...
§ tyraneau. 29.	*tyranneau.*	
	tzar.	czar.
: uhlan.		*hulan.*
		houlan.
———		
§ ultra (non-plus-). 58.	*ultrà.*	
: umble.		ombre.
urètre.	*urèthre.*	
	Usez.	Uzès.
	usquebac.	scubac.
* usque quo.	*usquequo.*	
usque quo (informer). 56.		*informer usque...*
" Uzès.		*Usez.*
* vade-mecum. 56.	*vadé...*	
: vagabonder.	vagabonner.	
vaidasse.		védasse,
* vaisseau-hôpital.	*vaisseau d'hôpital.*	
	Valdshut.	Waldshut.

§ Van Dick (portraits de).	*Van-Dick.*	
* Van Helmont (archée de).	*Van-Helmont.*	
: védasse.		vaidasse.
* veine porte.	*veine-porte.*	
veni... 56.		*véni-mecum.*
§ véniat. 55.	*veniat.*	
	vent [*T. d'artill.*].	évent.
: vermicelle.	*vermicel.*	
§ versa (vice). 58.	*versâ.*	
* vert d'eau.	*vert-d'eau.*	
: vesse-de-loup.	*vesse-loup.*	
† Vésuve. 60.	*Vesuve.*	
§ véto. 55.	*veto.*	
* vieux oing.	*vieux-oing.*	
vipereau.	*vipéreau.*	
: virevousse.	*virevouste.*	
vizirat.	*viziriat.*	
* Waldshut.		*Valdshut.*
	Weissembourg [*v. du Bas-Rhin*].	Wissembourg.
: whist.	*wisk.*	
§ Wissembourg.		*Weissembourg.*
* Xercès.		*Xerxès.*
xérophthalmie.	*xérophtalmie.*	
	Xerxès.	Xercès.
	yeux.	ieux.
* York.	*Yorck.*	
Ypres.	*Ypre.*	
y voir (beau venez-).	*y-voir.*	
zagaie.	*zagaye.*	
zédoaire.	*zedoaire.*	
zéros (des).	*zéro.*	
zoolâtrie.	*zoolatrie.*	
zoolithe.	*zoolite.*	

ERRATA.

Page 46, 2e col., au lieu de *Althæa*, lisez *althæa*.
47, *id.* *arpège*, *arpége*.

Que l'on soit persuadé de la sincérité avec laquelle je déclâre que je me suis résolu à publier ces observations par la seule considération que, même en supposant à l'Académie un vif désir du perfectionnement de l'orthographe et la volonté d'y travailler sérieusement, elle demeureroit indifférente aus plus sages réformes tant qu'elle ne les verroit pas mises en pratique par un concours d'écrivains qui se fît remarquer assez pour qu'elle se crût autorisée à signaler ces réformes; attendu que, ne se regardant que comme l'organe de l'usage, elle ne se reconnaît pas le droit de prendre l'initiative à cet égard. Si donc parmi mes propositions, que je me suis attaché à présenter avec non moins de simplicité que de clarté, on en trouve ausquelles on ne puisse refuser son assentiment, rien ne doit empêcher de se les rendre propres, et de leur concilier par l'application qu'on en fera un plus grand nombre de suffrages : l'impulsion étant alors donnée, il y a lieu d'espérer que, de proche en proche, nous parviendrons à régulariser notre orthographe, qui ne deviendra strictement obligatoire pour les étrangers et pour nous-mêmes que du moment qu'il ne sera plus possible, comme aujourd'hui, de la méconnaître.

www.ingramcontent.com/pod-product-compliance
Ingram Content Group UK Ltd.
Pitfield, Milton Keynes, MK11 3LW, UK
UKHW031929260826
14628UKWH00003B/1497

9 782011 945419